時報出版

讓愛飛翔

——100分的女力人生

趙欣妍——著

推薦序1

看見一位愛女力的執行者

對於只見過一次面的女力大將「欣妍」，兩人匆匆晤談不到半小時，我竟花了兩小時讀完她的新作品《讓愛飛翔》，彷似已與她結識甚久的熟悉感跟觸心度油然而生，匯成一道暖流貫串全身，讓我樂意為之寫序。

回溯自己從一九九四年取得諮商輔導博士後返台，任教二十七年，累積一萬場演講的生涯當中，所談不外乎情緒管理、人際關係、婚姻家庭、親職教育、生涯規劃等，這些內容全被作者有系統、層次地娓娓「寫」來，如行雲流水般兼具理性與感性，飽含理論基礎處更有明確可行的步驟及方法，作者的無私分享，著實值得再三讚許。

我甚至一邊拜讀一邊作筆記，心裡想著這部份可以激勵誰？這單元又可幫助誰？某某某不就是需要這段話嗎？……慢慢地我居然發現，手邊最夯、最難解惑、最需要輔導的數位求助者，全都可自本書中解惑。所以，欣妍以正面思惟與能量傳播愛、熱情、真誠完成的這本新書，肯定適合給予有需要及有緣份的讀者拜讀，恰如書名所呈現的一百分的女力人生，我迫不及待地等它付梓，讓最棒的愛，飛翔在天地間！

國立成功大學師資培育中心／教育研究所副教授　饒夢霞

推薦序2

兩性關係大哉問！妳我都要修習……

人人都歌頌愛情，但如何維繫愛情長久卻不容易，也因此，得以維繫長久的愛情，往往會受到世人歌頌，端視坊間的多數情歌和文學作品都在講這件事情，就能得窺一二……

只是我慢慢發覺，兩性關係當中的尊敬，遠比愛情更持久，最近，我參加了一個慈善活動，創辦人是位手握幾百億預算的廣告奇才，因為太太喜歡做善事，故而兩人一起創辦了一個公益團體組織！曾在一次飯局中，他的夫人聊到了自己先生的優點與長處，表示除了事業成功，她最欣賞的就是先生的品格，例如任何人私下送禮，我們千萬不能收，處理公事也務必尊重老闆，絕不藏私……，講著講著，她的臉上竟綻放出幸福的微笑，著實令我感到驚奇！後來見面次數多了，我更發現她們倆人偶爾參加活動，先生把帽子脫掉拍照，她會走到先生面前幫忙整理頭髮，然後再開心地跑到旁邊欣賞，這些舉動都再再驗證了我感覺—長久的愛情，一定要有尊敬的成份在其中！

當然，除了尊重還是不夠，畢竟這個世界上不管什麼樣的關係，都要能從朋友開始做起才能長久，誠如我在前面聊到的，先生經營事業，太太經營慈善，兩個人的價值觀、生活理念相近，彼此間自然有聊不完的話題，我覺得這是最好的夫妻關係。而一段時間相處下來，每每看著他們倆人的互動，讓我都跟著尊重起他們倆人了。畢竟相近的頻率、情商與價值觀，凡事透過良好的溝通，互相不隱瞞，不做會讓自己愧疚的事，就算不小心做了，也能在事後經過良好溝通，取得理解，這樣說起來好像容易，但卻充滿了很多學問。

我常說，如何能對你所隱瞞的對象產生親和力？這就是人們為何會覺得愛情總是無法長久的主因，我們總以為小事所以選擇隱瞞，但各位若有機會可以回想一下，每當你開始隱瞞一個人的瞬間，其實就是你打算終結兩人真實親密關係的時刻！因為感情要好，肯定必須具備毫無隱瞞的關係。（請把外在的各種制度與規定放一邊，這裡暫時只討論親和力的問題）。不管是對家人或朋友，只要面對的是人，狀況都是一樣的，就像電視上經常演出小三比較受寵的劇情一樣，就是因為通常需要隱瞞的對象正是家裡的正宮，當然最後對元配感情就變淡了，但我相信，選擇隱瞞也是源自於不想傷害對方的初心。

我一個女性朋友跑來跟我哭訴，她的未婚夫竟然在網路上到處找女人曖昧，我跟她說，妳之前因為他的種種問題曾經選擇不來往了好一段時間，他當然會利用這段時間到處找人去填補空虛失落的心靈，妳需慶幸還好他還沒找到什麼合適的對象，所以你們現在才有機會再修復關係，自己又何必因為那些網路上的曖昧對象生氣呢？所以我常說，愛情是個讓人頭昏眼花的事情。

我甚至覺得，不管婚姻或愛情走到什麼樣的程度，兩人其實都有責任的，如果通通都只是怪罪對方，認定自己沒錯，那結果終歸還是自己的錯，畢竟妳怎麼會找到這樣一個全身是錯的人呢？那只能表示自己也有問題呀！所以我要奉勸大家，遇事時若懂得想想自己也有責任，那些不愉快的情緒往往就能立刻降低許多，不妨試試看。

兩個人的相處實在是個大學問，我演過那麼多愛情戲，也跟大家聊了那麼久的愛情觀，很難得在這個時候發現有人會願意出書，提供正確的兩性價值觀，我當然是大力推薦了。畢竟良好的兩性關係是幸福家庭的基石，惟有美好的家庭關係，方可健全下一代的生長環境，順勢影響下一代的品格發展，實在太重要了！畢竟在一個不愉快家庭成長的小孩，心態上總是會出現些許不安全感，而這些不安全感就會逐漸表現在他們未來的處世態度上。因為不安全感讓擁有感變小，容易出現搖擺不定、懷疑、背叛、刻薄、挑剔等負面情緒，這樣想來，你說兩性關係的美好，怎麼會不重要呢？

推廣正能量人人有責，謝謝欣妍的這本充滿正能量的好書。

張瑞竹

作者序

挖掘寶藏密碼，成就非凡人生

欣妍這一年來去了不少城市，近幾年更長時間留在廣東深圳、上海、桃園跟台北、高雄等地，四處跑來跑去的結果，也接觸到不少中國文化、中醫、生命駕校平台以及減壓及情緒能量調節技能，實踐「從生活中教育」的理念，用生活場景來教育孩子學習多學科、多語言。我曾看到年僅四歲的孩子，靈活閱讀大量英文單字，甚至把辭典倒背如流……，著實驚嘆不已。因此，在這些教育課程的衝撞下，我終於展開了自己的身心靈成長旅程，也在廣東省深圳市拍攝了官方公益微電影「媽媽的一封信」，受益良多。

只是，我為什麼會想要涉及這個領域呢？

我在本書中將會提及原因，從小到大的心路歷程，從一個在高雄菜市場的賣菜小女孩，直到成為財富自由的作者，到最後想要化小愛為大愛，將這些都變成福田心耕，造就更多的福報與智慧，並與大家分享。

這一路的過程中，我受到很多貴人們的幫助……

女人的成長是透過經年累積的寶藏，我們吸收來自生命中不同階段的養份，一百分的女力就是這樣慢慢聚集而成的，透過學習，透過愛，透過挫折，一起凝聚更多的愛及能量！

我始終深深相信：

若我們在生活中遇到難事，只要秉執正心正念，運用感恩的心就會有奇蹟出現。因為在宇宙秩序之間，愛的力量最大，足以融化一切。

而愛與感恩是人與人之間最珍貴的生活密碼。

遇到狀況，只要運用智慧與滿滿的愛，一切都可順利過關……。

庚子年之於我，真可說是一個歹年冬，我曾在這短短半年內，深感這個世界似乎就是專門與我為敵，讓我憤恨地思考著，活著究竟為何？

然而感謝上天，如今的我已然走出陰霾，明白只要有大地、陽光、詩歌，我此生需要學習的東西還很多，太早放棄，未免可惜！如今的我，學會溫柔、洞徹世事，學會捨棄，更學會了愛，而更重要的，明白如何坦坦蕩蕩地過日子。期許自己未來的生活要更愛自己，與住在體內的靈魂和平共處，這是欣妍決定不中止的修行。

人生路迢迢，未來有何崎嶇坎坷等待，尚不可知。然有幸與大家在此相遇，實為莫大之幸事。感謝上天助我度過重重難關，除了感恩跟愛，心中別無它想，在此亦祝願所有人，遇事順利過關，百願遂心。

趙欣妍

目錄

開始說故事之前……

女人要懂得財富自由，並非人人都是天之驕女，含著金湯匙出生的幸運兒，但透過學習，確實可讓自己的心靈成長茁壯。

在我累積足夠財富自由能力之前，也曾經有過一段很精彩的人生歷練，容我跟大家分享這一段段的真實故事，走來確實不容易但也非常真實。

二〇一五年，我從教育部職務退下來之後，創辦了方程式地產顧問公司，公司成立至今已經五年，當時我也順勢出版了第一本書，變成一名作家，這些都是我人生當中始料未及的改變。

很多時候，我們想要擁有不同的人生，但總在關鍵時刻遲疑，不敢跨進去……，也因此總被周邊的朋友懷疑，你真的想這樣做嗎？但私下真正面對這些事情時，我又發現自己其實是可以完成或擁有的。畢竟開啓不同人生的鑰匙，多半掌握在自己手上。

人生是一個又一個的大轉彎，走著走著，彎道就出現了，它逼著你就得試著去轉彎。就像當年我從公職退下來的時候，心裡其實是充滿恐懼的，因為不知道未來將會面對什麼困境？然而一無所知的我，持續透過多方的學習，不斷強化個人的信心，抱持歸零跟空杯的心態，逐步成長。再者，身為一個企業創辦人，領導統御能力是必須的，所以看到這邊，我深信如果你跟我一樣，是正在想要創業的讀者們，你們肯定可以理解，創業有多難，但即便如此，我們還是要不斷精進，不是嗎？

我在本書的第一章，便會開始跟大家分享我一路走來的心路歷程，記得從二〇一七年起，我便開始在兩岸三地演講，累積培訓跟授課技巧，此外更拍攝個人的公益電影，甚至還為了推廣電影而去學習製作「抖音」短片，就像過去擔任教師時一樣，對於教育的熱情從未減少過，只有越來越高昂的鬥志！

人生，不就是不斷面對、挑戰、進入得到，最後再放下。

二〇一九年，我與兒子拍攝了一支短片，希望能為自閉兒的教養問題開啓另一條全新的路；我也相信，每個人都可以透過自主學習，打破每一個設限的狀況，儘管當下的過程並不容易，但只要具備耐心與堅持的毅力，誠心感恩，我相信上天總會給你一個好的回報。

給媽媽的一封信
https://www.youtube.com/watch?v=k05SsrXQ3C4

第一章 /

關於
我的財富自由

「我」還在擔心每天的帳單嗎？
「我」想要什麼生活？
「我」的內心被生活滿足了嗎？

圖片由 mohamed Hassan 在 Pixabay 上發布

1-1 我一直都在打破人生困境

你滿足自己了嗎？
人生就是一場又一場的困境，我曾與世界為敵，人生就像是一場修行。

生而為人，我們希望自己的未來走向哪裡？如果我們每天都吃飽喝足了，一張開眼睛也不用擔心帳單跟荷包，那麼我們希望一天二十四小時，可以做些什麼事情？

從小，我便經常看到父母親為了每天的日常開銷在發愁，一張開眼就要努力工作，確保孩子們可以吃飽穿暖……。也因為那副景象實在令我印象太深刻，所以我自小就是帶著這份恐懼長大，直到終於獨立了，可以開始賺錢分擔家計了，卻也還是時時擔心自己未來無法溫飽。所以我早早就去報考公職，為自己謀了一個鐵飯碗，想說這下子總該可以有口安穩飯吃了。誰知人算不如天算，十多年的公教生活，並未讓我從此安心，我每年甚至為了升職而辛苦不已，甚至就為了幾千元的職務加給頻頻忙碌，除了確保衣食無憂，更要擔心工作表現績效，只要被主管稍稍指責，我往往就會擔心老半天，有時甚至覺得自己不知在為誰辛苦為誰忙？求的到底是什麼？是為了生活？還是為了生存？

早上起來，一想到要上班，整個人就瞬間沒精神，總覺得這樣的生活太無趣，每天如常的工作內容讓自己毫無奮鬥的動力，畢竟要做的事情都已經知道了，每天就是這些固定的文書工作或勤務，不要犯錯就可以領到固定的薪水，聽到這邊，大家是不是覺得我這樣的生活，過得缺乏目標及夢想？

如果可以，我們是否還有什麼樣的選擇？

心有餘裕，空間更大

直到最近，我從公職退役，自己創業了。許多朋友遇到我都會說：「欣妍，妳好像變了？」，或是問我：「妳怎麼整個人這麼容光煥發，最近在做什麼呢？」而我總是微微一笑，簡單一句話：「因為我滿足了我自己。」

大家聽到，總會不解地回應我：「幹嘛賣關子，妳是不是中樂透了？」，而我也總是不厭其煩地解釋：「不是！但卻比中樂透還好！」而這樣，大家又更好奇了，畢竟有什麼是比金錢更重要的事？

等到賣足了關子，我才跟他們說：「我已經不用擔心自己的基本生活開銷了，現在的我想要滿足的是成功！我每天早上起床都是滿滿的快樂！我好開心地過著每一天！」從小到大，我們總是想辦法滿足別人的要求，可是欣妍想要在這裡提醒大家，只要你願意發現，跟我們一起了解，未來其實有很多的可能性。

每天我都在結交不同的朋友，血液中的冒險因子也開始越來越強烈，每天對我來說都是新的嘗試，我甚至做了很多以前從未想過的事情，此時的我茁壯了！原來，我可以活得這麼精彩？蛻掉了一層層的硬殼，我找到了全新的自己，而且每天都是快樂且享受著生活，每天一睜開眼就充滿了熱情！

你在哪一個階段？

過去的經驗造就現在的我，身為一個教官，過去的我習慣擲起教鞭，除了鞭策孩子，同時也在鞭策自己。我熱衷於追求學問，並讓理論落實在生活中，避免淪為紙上談兵的窘境。我相當推崇亞伯拉罕．馬斯洛（Abraham Harold Maslow）的理論，透過這套理論讓我們知道自己身處在哪個階段！馬斯洛提到，人們有需要被滿足的五大需求，而這五大需求在人生不同的階段上，都恰如其分地扮演了相當重要的意義[1]。

（1）生理需求。這是人類維持自身生存的最基本要求，包括飢、渴、衣、住、行等方面的要求。如果這些需要無法獲得滿足，人類的生存就會變成一大問題。單就這個意義來說，生理需要是推動人類行動的強大動力。

（2）安全需要。這是人類要求保障自身安全、擺脫喪失財產威脅、避免職業病的侵襲等方面的需要。馬斯洛認為，整個有機體就是一個追求安全的機制，人們的感受器官、智能和其他能量主要就是尋求安全的工具，我們甚至可把科學和人生觀都看成是滿足安全需要的一部分。

（3）感情需求。這個層次的需要包括以下兩方面。一是友愛的需要，即是人與人之間都需要伙伴支持、與同事相處融洽或保持友誼和忠誠；人人都希望得到愛情，希望有能力愛別人，也渴望接受別人的愛。二是歸屬的需要，即每個人都有歸屬於某一個群體的感情，並且希望成為群體中的一員，得以相互關心和照顧。

（4）尊重的需要。人人都希望自己有穩定的社會地位，要求個人的能力和成就，並以此獲得社會的認同。尊重的需要又可分為內部尊重和外部尊重。內部尊重是指一個人希望在各種不同情境中，具備實力、能夠勝任、充滿信心，更可獨立自主。換言之，內部尊重就是人的自尊。至於外部尊重是指一個人希望擁有地位、威信，受到他人尊重、信賴和高度評價。

（5）自我實現的必要。這是最高層次的需要，泛指實現個人理想、抱負，將個人能力發揮到極致，完成與自身能力相稱的一切事情的需要。也就是說，人們必須擁有稱職的工作，這樣才會使他們感受到最大的快樂。馬斯洛提出，為滿足自我實現，其所採取的途徑是因人而異的。自我實現的需要就是努力發揮潛力！

愛女力

心裡存在著毒素的人，永遠無法感覺生活的美好。把大小事務都背在身上，這擔子未免過於沉重，為了尋求快樂跟進步，感覺生活中美好，我們必要做以下的練習，方法是：

1. 找一個喜歡的方式，讓自己靜下來。
2. 用腹式呼吸法，緩緩呼吸。
3. 學會使用正面冥想來沉澱心緒。

1．亞伯拉罕·哈羅德·馬斯洛（1908～1970），美國心理學家，以提出需求層次理論聞名於世，認爲人類共有五大需要被滿足的需求，由低階至最高階，最終以達成自我實現爲目標。

1-2 打造家庭與人際金字塔

我要快樂，但怎麼辦才行？
生活如此美好，但我為什麼總是無法跟快樂的人生活在一起？

在上一篇當中，我們簡單介紹了馬斯洛的五大需求理論，想不到我們每個人的一生中竟有那麼多的需求必須被滿足。就像是身體正常運作是因為我們正常飲食，但若不幸受到情緒影響而產生負能量，嚴重可能就會影響我們的情緒，甚至讓自己的人生頓時陷入憂鬱深淵，無法自拔！

這時，家人或親友的支持就變得非常重要，不論我們飛得再高再遠，一個隨時歡迎我們歸來的港灣，是絕對不可少的資產！當我們一出生還是小嬰孩的時候，上天給了我們雙親及家庭，這是我們的第一個避風港，家人給予我們無私的愛，讓我們得以溫飽；而當我們逐漸長大、獨立，這時就要開始打造自己的第二個港灣。

兩者差別在哪？此時的我們，知道滿足自己的需求何在，也夠強大到可以當別人的港灣，在互相支持後，得到了某種情感跟人際關係的連結。當我在工作上出現快樂的事情，有同伴跟我一起分享，實為一大樂事！就像我現在有能力跟母親分享快樂，她參與了我的快樂，這好似她在我小時後給予我的基本需求與安全感一樣，這種人生的豐盛與喜悅，就是滿足人類需求的關鍵之一。

快樂是會傳染的，當我們開始快樂了，旁邊的人也會感受到我們的快樂氛圍，就會建立起一個充滿動力的人際網絡，大家都會不自覺地往同一個方向前進！

只是，什麼是快樂？

大家有問過自己這個問題嗎？

我問過很多學員，有些人回答我：「富有就是快樂！」，也有人說：「可以不用擔心退休生活就是快樂！」，或是簡單一句話：「家裡的小孩聽話就是快樂！」哈哈，大家不妨思考一下，為什麼每個人對於快樂的定義都不一樣呢？而當大家分享快樂的時刻，臉上的表情又是如何？畢竟相由心生，所以調整自己的心態，學習轉念與接受，一切都是最好的安排，這也是一種人間的修行。

我相信大家肯定都是咧嘴笑瞇瞇的樣子，這種眉開眼笑的表情，會讓人感覺舒心，因為快樂會讓大腦分泌多巴胺，有益健康；反觀不快樂的表情又是什麼樣子？我看過很多人都是眉頭深鎖，表情凝重，大家看了也會不自覺地跟著心情凝重起來，所以，試著讓自己開心吧，開心不用花錢又可能會賺到其他財富，甚至博取他人認同，是不是一舉多得呢？

穩定的避風港，充電再出發

簡單來說人際關係就是錐形三角形的四個面，所謂「結交不同區塊的朋友，變成一個面，然後把感情、信任、快樂、分享等連成四個面，就變成了一個人際金字塔。」建立在這四個層面上的關係，才能持續而長久，如果大家破壞了其中一個，比如吝於分享，久了就不會有人際關係的流動，這個金字塔也將會岌岌可危。

我是一個很有勇氣的人，記得當時我要買高雄鳳山的房地產，我的父母親都很反對，甚至因此鬧過家庭革命，但他們最後還是支持我，因為我知道，不論我在外面冒著多大的險，家人還是會無條件支持我，當我充電的港灣，讓我遇到挫折時可以回來沉靜，大家一起想想辦法，再度出發！因為我自己有過這樣的創業歷程，所以不論遇到什麼狀況，我都會在朋友跟家人的協助下，關關難過關關過，而我也將這段經驗分享給我的夥伴們！因為這樣的善念跟分享，除了讓我自己快樂，也可以讓別人學習，讓別人成長，正如至聖先師孔子所說：「獨樂樂，不如眾樂樂。」不是嗎？

我希望我的生命是豐盛的，我希望我與朋友們都是可以一起分享的，我希望人生可以有不同的活法，你們呢？我們都是彼此最大的避風港和充電區，不論大家遇到什麼樣的事情，我們都可以透過人際金字塔的建立，解決、分享、處理，這就是建立人際金字塔的基礎。

欣妍（左一）最快樂的事情就是帶著母親一起旅遊。

愛女力

創造快樂最快速的方法就是熱心服務，古波斯拜火教的始祖佐羅雅斯特曾說：「做好事不是一種責任，而是一種快樂，因為可以增加自己的快樂也影響健康，讓人一整天心情愉悅。」當我們為別人做事時，態度會轉而專注，順勢轉移了不開心的注意力，更可透過聊天讓心情變得愉快。

1-3 來自市場裡的富足人生

回到自己創業的老地方，感受初衷？
了解現在的自己跟以前的自己，兩者間有何不同？
想想自己在做什麼事情時最快樂，獲得的東西也最多？

在我的第一本書《你可以財富自由》的前言裡，我有提到自己從睡在菜市場裡直到累積富足資產的過程，其實這是一段很長很長的時間，當時的我壓力實在相當大。

當時若你問我什麼財富自由？我肯定是連想都不敢想，因為我在菜市場成長，也真的不是聰明人，加上沒有特別的才藝，放假時就是待在菜市場幫家人賣水果，甚至連逢年過節都沒有自己的時間，忙到要睡在市場裡才行……，每每想到這裡，我幾乎都快要掉眼淚了，回想那時候，天好冷，我要一直幫忙，父親也不會給我特殊待遇，因為我們每天都要早起擺攤做生意，才能有一頓的溫飽。

如今，我倒是很感謝人生裡有過這段經歷，還記得我每天張開眼就是想要吃飽，沒有太多的心思去想其他事情，就是努力一直做下去，也沒人問我開不開心？直到二十一歲那年，我開始進入學校擔任教職，當時的我開始規劃二十年後的退休藍圖，而當我有了藍圖跟目標後，我開始擁有奮鬥的動力跟熱情，現在回想起來，也許我對於生命一直擁有「藍圖規畫」的夢想吧。

無法滿足，讓我成就夢想

我的第一個目標就是「我要存一億的現金，並且擁有被動收入！」當時的我只不過是一個小公務員，講出來一定會被大家恥笑：

「妳一個月才領多少薪水，不要做白日夢了啦！」所以，我只敢在心裡默默想著，生怕講出來被眾人譏笑。回想當時，我的第一個行動就是開始學習，學著看資料，看報紙，每天觀察全球經濟趨勢，曾有學員問我：「妳當時看得懂嗎？」其實，一開始當然也是看不懂，只是後來漸漸養成習慣，發現投資不動產可以抗通膨，所以我拿出存了一年的二十五萬存款，開始投資自己的第一間不動產：一間四十坪的老公寓。

兩年後，我將它轉手賣掉，獲利三十萬元，接下來平均每年又投資一、二間的房地產，平均每間都有數十萬的獲利。就這樣，我開始累積了第一桶金，也憑藉著自己放在心裡的長遠規劃，逐步成就了我的財富自由藍圖。

人生不能重來，熱情正是滋養我人生旅途中不斷成長的動力。年輕時的我真的沒有想太多，只是不想自己永遠像小時候那樣，一睜開眼睛就得到菜市場幫忙，每天總在擔憂要賣出多少水果才有飯吃；一開始也無非就是希望退休後可以過得更好一點，至少不要有醫療負擔，給家人帶來壓力，直到我真正退休後，我發現自己的創造力跟行動力都變強了，加上第一張人生藍圖也實現了，於是，我發現自己可以做的事情還很多，既可達成更多夢想，也能幫助他人完成夢想，何樂而不為。

只要用對方法，財富自由並不難

我習慣在每場演講中，大方分享自己財富自由的經營模式，也從中發現大家多半都會自我設限，常想著「很麻煩！」、「很困難！」而不是跟自己說：「怎麼做？」、「如何改變？」所以，自然永遠找不到該走的路。

曾有數據統計，全世界有二成的人擁有全世界八成的財富，另外八成的人再去分配剩下的二成資產，換言之，學習富人思維，格外重要。我們要知道，潛意識是顯意識三萬倍的力量，學習正向思考及培養正能量，才能跟宇宙對上頻率，也就是告訴宇宙，我是值得的，值得擁有什麼？我又想要什麼？這就是吸引力法則！這個法則告訴我們，圍繞著我們周邊的一切都是受到吸引而來的，這也就是心想事成。

再者，沿途難免遇到一些困難，所以「如何突破」就變成箇中關鍵與重點，畢竟坐困愁城是絕對行不通的，遇到問題就是找到解決方式，不是嗎！

就像我想當包租婆，所以我買的不只是房子，我還買了土地。真的，當年我就想好，買地之後再蓋屋並隔成套房，學員聽到這裡又會問我：「老師，這是妳本來就會的嗎？」而我也總是笑笑回答說：「我又不是學這個的，怎麼會？這也是一步一步學習而來的，遇到狀況就去找方法解決啊。」是呀，當時我的確有很大的貸款壓力，到後來也只能往前走，除了滿足生活需求以外，剩下的就是用心做好每件事，憑著一股想要實踐人生藍圖的熱情，一路朝著目標走，不論遇到什麼問題，都會變成我的最佳體驗與生命中的養分。

投資第一間房子的方法，順利轉變成我的經驗、心法，而我循此模式再進行第二間房的投資時，流程就變得簡單順利很多，到了第三間時，一切已上軌道，凡事都已預先設想完善。過去的我是土法煉鋼，現在的學員比較幸運，可以透過前人的經驗複製成功模式。

在打造我自己第一間房子時，父親跟我起了很大的衝突，我們吵架，他甚至以跟我斷絕父女關係來威脅我，那時我的心裡很難過，但是我一路挺過來，甚至重拾父女感情。畢竟我們在追求夢想的過程中，肯定都會遇到一些沉重的壓力，這時候，我們要享受獨處，學會認識自己，傾聽內心真正的聲音，我要的究竟是什麼？這才是最重要的！

人生在世，應該要好好「善待」自己。善待自己的意思不是要花大錢，是在追逐夢想跟創業遇到困難時，學會調整跟休息，畢竟人生路途上也有紅綠燈，隨時給自己小小的獎勵並欣賞自己，而非一直往前衝，直到身心疲憊累垮了才停止。幸福快樂與健康，正是人生無形的資產。

請善待自己！方才能夠懂得疼惜他人付出的可貴。

愛女力

- 多給自己一點獎勵，讓自己開心。
- 學會鬆開壓迫別人的手，凡事不要太執著。
- 接受人間世事無常，凡事不要患得患失。

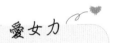

1-4 白手起家是一場冒險

人的一生，可說的故事肯定很多很多，有人喜歡單槍匹馬，
也有人喜歡聚眾同行，那麼你呢？
其實，追求夢想本就是一場大冒險，大家要跟著我一起去探險嗎？

常有學員問我：「欣妍，妳從小家裡就很有錢嗎？所以妳才敢白手起家，對吧？」、「妳不是有小孩要養嗎？妳就不擔心投資房地產會虧錢嗎？」、「欣妍，我好擔心老公反對我投資喔，他覺得我們應該先存到第一桶金，然後再來規劃其他事情！」……其實這些問題都很好，畢竟有這樣的好夥伴幫忙觀望，在衝刺的道路上才能看到更多自己忽略的死角。

「邊做邊修正自己，總比什麼都不做來得好。」人生是一場行動力與企圖心的鬥爭，決定出征前，首要便是戰勝

自己最大的敵人跟心魔，也就是自己的執念，就像我當初接觸房地產、出書甚至開公司，當下想法雖很多，但我還是一件一件地完成了，現在的我，身兼包租婆、作家，更創業擔任公司董事長一職，這些都是我的人生藍圖之一，而我每天依舊在拓張新的版圖，畢竟這些都不是我當時可以想像得到的，但是即便如此，我還是決定先做再說！

有一回，我遇到一些學員，他們均曾在職場歷練過各種工作，有人是會計、工程師甚至是總經理特助，我總會跟他們說：「大家的人生都過得太精彩了！也唯有經歷過這些洗鍊，團隊才能更加發光發熱！」每個人都有自己的過往經歷，在團隊作戰的時候，若人人都可發揮強項，自然會激盪出更燦爛的火花，但前提是，我們必須是一群具備「冒險精神」的人。

享受甜美果實，證明自己

很多人都會問我，既然日子過得平順穩當，何必冒險？再者，若真遇上危險，如何避險？

而我的建議是，凡事想清楚之後就行動，執行的過程就是一路勇往直前，誠如我的行動力方程式：熱情×目標＝藍圖。

過去，當客戶把房子委任給我們，我帶領團隊去著手改造業主的房子，我都能感覺到大家的驚慌與壓力，因為他們尚未看到改造後的新屋模樣，心裡不踏實。反觀業主願意信任並委託我們，把自己的資產交給我們去改造，這就是他深信任自己的選擇！我每次帶領公司團隊去改造新的房子，也深信我們有能力助他圓夢！

而事實結果也證明他是對的，新屋推出後，令人滿意的自住或出租率證明了我們當時的決定與作法都是正確的，改裝好的店面或套房也常因為布置得宜，幾乎都是一推出便供不應求，所以我深信，只有勇敢行動，才有機會享受甜美果實，不論做什麼事情都一樣，冒險跟避險同樣重要也都要兼顧，只要規劃完畢，馬上就開始行動吧！

在我的第一本書《你可以財富自由》裡，我曾提到自己第一次的人生覺醒，當時我問過大家：「如果一路平順，大家想要過什麼樣的人生？何謂真正的自由？何時才會覺醒呢？」而在這本書裡我則想要跟大家分享：「如果你的人生已經財富自由了？你是否還有其他寶藏可以跟大家分享，讓人生更豐盛？」而這正是我第二次的覺醒……

就像蝴蝶一次又一次的蛻變，我的人生覺醒亦然，每當出現新目標，我自然就有能力畫出人生每次覺醒後的藍圖，然後實踐它。曾有學員反映，說他自己每次聽完演講，當下都覺得很有收穫，但可惜的是一回到家就通通忘光光了……，或是乾脆拒絕規劃藍圖，只因他嫌麻煩或覺得很困難！頻頻跟我抱怨說：「這哪是一個人可以做到的事？」其實不瞞大家，我也不是自己獨力完成的，當藍圖拼湊出來後，你可以先把它們條列出來，待找到需要的人力與資源後，再像拼圖一樣逐步完成，這樣不是簡單許多嘛？

接著我跟大家分享一下，我在規劃藍圖時，習慣使用的過程：

- 設定短、中、長期目標與獎勵、懲罰
- 訂定達成時間
- 回顧第一階段曾發生的狀況
- 待修正後，進行第二階段
- 跟團隊夥伴一起討論
- 達到階段目標就獎勵自己，若未達標便懲罰（比如捐出一日所得或禁食一天等，屬於自己平時較不喜歡從事的活動）。

生涯規劃與財富自主，不妨一齊走

誠如我以前開始規劃退休生活的財富自由計畫一樣，我一邊工作一邊買房子做投資，卻也從未忘記參與家人的生活點滴，正因為我的藍圖規畫裡，他們永遠是我最重要的對象，所以只要碰到必須下重大決策的事情，我總是會跟大家一起討論、修正，待有了結論後再開始進行。後來進入吉菓有機生態農場，夥伴就是我的家人，我們也會一起規劃事業藍圖，大家一同討論，獲得共識後再去執行，而只要有一些小進步，我們也會也一起分享成果與慶祝。

此外，藍圖基本是規劃大方向，但其中通常還會有許多小目標，有些容易達到，有些則不容易，而當我們執行時，有人喜歡從比較容易達成的目標先做起，因為比較有成就感；但也有人喜歡從難度高的開始做，目的無非是增加挑戰的刺激感，但不管是哪一種，都必須是團隊共同討論出來的結果，透過分工合作，讓未來越來越具體化，達成速度自然也會越來越快，大家不妨試試看吧！

例如舉辦員工旅遊，一開始提出要去那個地點的人是我，然後我就會提說，「之前我們曾經去過這個地點，我們當時候去的方式是這樣？大家覺得呢？」就會有人丟出他們曾經去過的方式，然後寫在白板上，每個人都提一個意見後，就會有參與感，當這些問題達成共識，就會有小目標，再請他們一個一個去協調，大家都覺得很有趣，後來當然也有可能去其他地點，但是團隊共識以及凝聚力，就在這樣的互動中形成，以前我與夥伴們也是這樣溝通。

我喜歡只要達到小目標就聚餐或慶祝一番，我的團隊夥伴們也習慣這樣的模式，隨時互報好消息，所以我總戲稱我們是一個隨時都有好消息傳出來的好運團隊！而這也是我在工作多年後得到的經驗，如果常常等到最後才有棉花糖可吃，大家可能會離藍圖越來越

欣妍在希臘旅行。

遠；反觀若能時時累積小喜悅，不知不覺間走到最後，大家反而會覺得沿途很輕鬆……，就像爬山一樣，大家若時常補充零食，自然也就不會覺得很辛苦而放棄登頂；倒是一路上只知埋頭攀登，等到登頂後才發糖果，這樣恐怕會讓大家因為沿途太辛苦了，中途打退堂鼓的人，也許就變多了！而這也是夥伴們跟我分享的秘密。

不知不覺走完漫長的

路，在歡笑跟開心的氣氛下歷經一些險阻或曲折，最後成功達標！這時，回頭看看沿途走來的風風雨雨，再次複製出更多的成功模式，這就是我慣用的方法！

愛女力

我喜歡旅行，它總能帶給我很多歡樂，跟夥伴們一起旅行，我的心找到正確方向！若把人生當成是修行來過，日子會變得很辛苦，反觀若把人生當成是海洋，而我們正搭著一艘前往未知旅程的船，整趟航行就會愉快許多，不是嗎？

1. 先訂出要去哪裡旅行，再決定要走哪一條路。
2. 分散並沿途找尋小目標，這會讓你更加快樂。

第二章 /

我是獅子女，我不孤芳自賞

在這個網路社群當道的時代，不論是平時交友互動的誠心，或是聯絡事情時的應對進退，若無一套游刃有餘的本事，是很難打進團體中，遑論認識貴人……

有幸獲貴人指路，可以幫助自己少走冤枉路，在本章節中，我將與大家分享如何結識身邊的貴人，與其共勉之。

2-1 我的謙卑，其來有自……

永遠記得媽媽曾經告訴我：
「對於自己不懂的事情都該虛心學習，認真討教，最後參考。」
原生家庭造就我的謙卑特質，我自詡並非特別出眾的人物，
但可喜的是，人生迢迢長路，我身邊總有貴人相助。

我並非特別出眾，然而神奇的是，我在創業一途上卻總有貴人扶持。還記得我在二〇一六年參加了一個講師培訓成長營，我為了讓學員們可以駕馭不同國度的的平台文化，首次踏上廣東深圳！大家可以想像那個場景嗎？一個人生地不熟的狀況，我卻要當一個領導者角色，除了照顧自己，還要在深圳幫學員們找地方住宿……，我沒太多時間苦惱，只好開始想辦法結識不同領域的朋友，只要遇到問題，就拿出耐心去請教當地人。

還記得曾有一回，我與兒子結識了當地的某位網紅，因為當時我計畫拓展教學平台，知道網紅正是新興產業，於是約了對方一起喝下午茶。想不到，雙方見面後聊開來了，對方知道我是一心想做公益的媽媽，加上身邊帶著已經十八歲的孩子，所以對方願意幫我牽線結識一群專門在拍攝公益短片的製作團隊，也因此，開啟了我拍攝微電影的故事……。

認真說來，當時的我，心裡可是一點想法都沒有，純粹想著：「既然生活無虞，我是否應該為社會上的弱勢團體多做一點事情？然而若真要做，那又該從哪裡開始？」也或許就是這一個小小心願，但我總是願意跟製作團隊們分享，他們聽罷均表示：「欣妍，我們覺得妳的想法真的很好，但有人可以幫助妳圓夢嗎？如果沒有，可不可以聽聽我們的建議。」製作團隊都很熱情，加上工作期間我們結識團隊背後的大老闆，一個毫無老闆架子的企業家，拍攝期間總在攝影棚熱情地幫我們遞茶倒水，也趁機提供不少的方法，比如如何籌措資金？未來希望可以參加什麼獎項等。

「對於不懂的事情，我們應該虛心學習，認真討教，最後參考。」我永遠記得媽媽曾經傳授我的價值觀，應該就是這份謙卑的態度與人格特質，讓我總能在人生地不熟的狀況下，依然結識了很多好朋友；加上我不固執己見，願意接納不同意見，透過團隊篩選意見再評估後，自然會有好的成績表現，也因此獲得人氣的支持。

先打入圈子，時時勤播種

從來沒有想過我會有多豐厚的人脈收入，因為當時的一個起心動念，單純想把自己從小的夢想達成，也許就是古人常說：「無心插柳柳成蔭」吧，總之，我始終奉行，想要達成目標，必須先有人脈來奠基！就好比想要認識傳播圈的人，是不是要先去跟傳播影視相關的人當朋友？讓這群人變成帶領你跨進這個圈子的門票。這樣的方式可以幫助我們這些時間有限的人，快速創造更多的資源，所以，追求財富自由的方式，首要之務就是創造人脈槓桿。

所以，創造財富槓桿，我練習了……。

（1）結交非同溫層的新朋友。

大家都喜歡自己的同溫層，結交跟自己背景相同或類似的組群，但孰不知這樣或許很容易聊天或溝通，但對於創造未來財富人脈的效率卻很低，因為聊天話題受到侷限，他會的你也會，對於拓展新的人脈圈，幫助有限。

（2）打從認識開始便增加互動機會。

以前在學校擔任教職時，因為公教體系是一個蘿蔔一個坑，事務體系相當明確，加上人事背景資料也都有文書紀錄，同溫層的互動機率往往很高，但反過來說，對於要認識陌生朋友甚至變熟，機率就變得很低。所以我離開公職後，第一件開始做的事情便是結交比自己層次高一點的新朋友，除了不斷學習以外，也會不定期尋找適合的話題與對方聊天，增加互動機會，這樣才可以不斷從對方身上掘取新知識，增廣見聞。

馬上行動，不要想太多

回想我在深圳當時，因為得到攝影團隊的支持，所以成功拍攝了一支公益微電影。決定拍攝前，其實我的心裡非常感激，也沒有時間想太多，所以只好完全接受專業團隊的安排，記得好些日子都是處在一團忙亂中，每天幾乎忙到深夜還在跟團隊對腳本。還記得曾在某個深夜收到對方簡訊，他們希望我可以寫一封給翰翰的信，而我即使深夜被吵醒，整個腦袋亂哄哄的，但卻也盡快讓自己恢復清醒，構思一番後，振筆疾書，立馬傳過去給他們了。

後來，劇本經過數次更動後終於擬妥了，團隊決定要來高雄拍攝，雖然出發前遇到一些事件耽誤了幾天，但我還是盡可能幫大家張羅機票、住宿以及選角等工作，只要製作團隊提出要求，我就是盡量馬上行動、配合。就在這種充分發揮耐心又互動良好的工作氛圍下，我這樣一個不懂電影拍攝的人竟也變成了主角，屢屢想到這裡，我就覺得自己真是個幸運兒，真心覺得這一定是上天因為我的善心正念，所以才給了我這樣的好運氣！

如今，電影已拍攝完畢，未來也將擇期上映播出，我只希望這支微電影能夠幫助養育自閉兒的家長們，盼能一步一步引領自閉兒安心長大，讓大家都能牽著孩子的手，踏實地步上必經的成長里程。

財務目標達成，欣妍與先生一同入住夢想中的國外泳池飯店。

愛女力

多數人缺乏的不是夢想，而是真實的行動，如果我們有想法，不妨開始嘗試，當我們開始動起來，反覆練習讓觀念變成一種反射動作，你離夢想就更近了一點……，所以，你開始行動了嗎？

練習方法：

1. 任何夢想都要有時間限制。
2. 在有限時間裡，我可以怎麼做？
3. 身邊是否有知道應該怎麼做的人。
4. 承上，如果身邊沒有這種人，我該上哪去認識他？

2-2 將「成功」化為一種生活習慣

你覺得自己是個什麼樣的人？若人際關係欠佳，原因何在？
通常每個人最不瞭解的就是自己，尤其是優、缺點……！
孰不知，有缺點，無妨，強化優點倒是更顯重要，
因為這才是創造自身價值的關鍵。

看到我開始經營情緒紓壓的直播平台，朋友們總覺得非常訝異！說真的，如果時光可以回到我首次出書的簽書會現場，兩相比較下，大家肯定都不會相信這真的是我。畢竟當年的我確實生澀，在原本的工作崗位上，並沒有那麼多機會可讓我全心投入跟練習，須知當時的我，還只是一名教官。

曾有學員在網路上問我：「欣妍，妳個人覺得當老師上臺演講，跟現在專職當心靈導師上臺演講，兩者之間有什麼差異？」我一經提

醒，思索了一下，回答對方：「真的，我確實已經改變了，以前擔任教師，因為是在傳授知識，台下的學生需要接受知識，所以比較傾向教條式的授課方式，後來創辦地產公司，加上近幾年參與培訓新進人員們的直播互動，我已然累積不少的說話經驗與技巧。」

有些朋友可能會覺得，「不就是開口說話嘛！何況還不是天天都在說⋯⋯。」孰不知，想要人氣大增的原因，就是跟說話有關係！記得我過去在跟學員分享觀念時，都會需要教材來輔助說明，例如一站上臺若無稿子幫襯，我就會變得混亂，但經過這兩年帶領公司新人做培訓，我開始規定大家每天要自己錄製三小時的視頻，也不斷思考每次講授時應該要用什麼樣的音調來詮釋教材，慢慢地，我已在不知不覺間懂得如何運用說話技巧，如今不論是在講臺或網路視頻上分享觀念，我已可說是游刃有餘，而愛分享也成為我生活中的一大部分了。

「妳講話好有趣，每回跟妳聊天都可以吸收好多新東西！」很多人在跟我聊完天後，都會覺得吸收了很多新知識，而我其實也是。因為就在交換資訊的過程中，我也因此拓展了自己的所見所聞，朋友們也因此越來越多，大家有時若遇到關卡，也許只要聊一聊，馬上就可茅塞頓開。

在我身上發生的這些轉變，就連認識我很多年的家人都不敢相信，為什麼透過冰冷的網路，居然可以成就我的事業？其實那是因為我相信，我自己可以！所以，渺小如我都可以，那麼大家應該也都有機會，開始試著透過想像跟練習，讓自己也能變成人氣王。

了解自身的優缺點，大聲分享收穫

請問大家覺得自己是一個什麼樣的人？如果缺乏人氣，那是什麼原因造成的？我想，每個人一開始的時候，最不瞭解的應該就是自己的優點跟缺點，有缺點沒關係，慢慢改還是有機會！反倒是強化自己的優點，創造價值，這才是首要之務。

所以，直到目前我仍不忘時時改正缺點，強化優點，而以下則是我的練習方式！

（1）把練習講話變成每日必做的功課。

從來沒有嘗試過在鏡頭前說話的我，剛開始總會擔心自己講不好，但我不氣餒，我替自己立下目標，也幫公司新人立下目標，要求大家只要每天練習三小時，就去吃大餐，正所謂萬事起頭難，重賞之下必有勇夫，大家經過這段時間的苦練，成效斐然。

（2）試著不看稿，習慣開口就能講。

我曾有一陣子很煩惱，因為只要碰上必須錄音的節目與活動，手上若沒稿子就會緊張，上臺前總是頻頻找人幫我看稿子，生怕自己說錯話……。上臺後也無法放輕鬆，嘴巴雖在說話，但總不忘盯著計時器，一直盤算著還有多久演講才會結束！這種窘境撐到後來，我其實也疲累了，心裡想說，那就算了吧，既然看稿子演講很麻煩，我乾脆上臺就說自己想講的就好！試過幾次之後，發現效果不錯，自己也因為不再害怕講錯，所以表現得也愈發自然，越來越多人喜歡看我的視頻，甚至有其他海外平台的老師們開始邀請我加入，我更因此認識了許多不同領域的新朋友，實在感恩。

生命回報給我們的都是不同感受的感動，即使當時的我心裡真的很害怕，但理智告訴我自己，在未來創新的路上，需要更多的能力才能補足，所以即便心有疑慮或擔憂，但只要遇到自己不足的時候，我依然懷抱著繼續努力的心情，不斷練習。直到現在，我的潛

工作遍及兩岸三地。

意識已然改變，許多目標也在這不知不覺間，圓滿達成了。

過去的兩年，時間快速流逝，我再次從一個單純的包租婆，成功蛻變成一家企管顧問公司的總監，業務遍及兩岸三地，許多朋友們都很替我開心，也有許多人願意與我為友，所以我更加深信，唯有不斷充實自己，才能拉高自己的格局，邁向成功。

提升自己練習演說。

愛女力

我忘了自己為什麼要開始，也忘了要從何開始？反正就是在跟時間賽跑，而且一直想要跑在最前面……。其實，透過練習，你就能跑得更快，而培養專注力就是讓你遠離失敗的超能力。

練習方法：

1. 下定決心。
2. 默默寫下自己的優缺點。
3. 世界很大，盡量遠離不認同自己觀點的人。
4. 透過別人的分享，幫自己取得不一樣的肯定。

2-3 時時感恩……

從去年截至今日，大家深受新冠病毒（COVID-19）影響，
許多人突然遭受不順遂的境遇，
這些事情讓我對於過去曾經發生在自己身上的人事物，特別有感……，在我們每個人的生命歷程中，應該時時懷抱感恩之心。

大家總以為財富自由之後，自己的人生就會走向一路幸福的康莊大道？其實並不盡然，我並不訝異大家會有這樣的想法，畢竟人就是要對未來懷有夢想，才能開心前進。但是回顧我這幾年的創業過程，卻也難免發生一些不為人知的辛苦，我在此想跟大家分享，供大家引以為戒！

記得我出版第一本書之後，表面上看似風光，身邊親友們都給我很多稱讚跟鼓勵，然而相對地，其他的投資副業竟也因此更

顯樹大招風……。

出書後的第二年，我遇到了房客的騷擾事件，一位已承租我房屋多年的房客，因為跟我之間產生一些誤會，兩人不歡而散！緊接著，租屋市場不如往日順遂，我的投資績效開始衰退；同時，我還要顧及微電影的拍攝、孩子入學考試的煎熬，種種挫折與磨練讓我的意志力備受考驗，加上防疫期間的上千萬財務損失，讓我一度失去方向，不知應該如何處理，只能蠟燭多頭燒。

行至此時，我方才知道財富自由僅僅只是一個開始，我若想要成就更大的事業，甚至把教學的熱情跟善念推廣出去，那我就必須學會「順境時謙卑，逆境時感恩」，很多人會以為這是一句口號，但我的確用親身經驗來跟大家分享：

二十年前，我也是從無到有開始起家，我與先生辛苦工作，第一間房子也是在一碗麵、一杯咖啡的節省用度之下，慢慢攢出來的成果。所以，當我們省吃儉用地理財了近二十年，終於有了一點小小的財富自由跟被動收入，可是，就在我跟大家分享這些觀念時，忽然遇到眼紅妒忌的小人，就東方命理學來說，或許會說是流年不利，然撇開這個，面對這樣的狀況，我其實也慌了，畢竟自詡是秉持正念在做人做事，老天爺何須跟我開這麼大的一個玩笑？這樣的困境，讓我對於人性的信任度，開始產生懷疑。

這時有學員來安慰我：「欣妍老師，妳是真心在教我們理財，不是騙我們買房，何況妳也從來沒有叫我們投資哪一區的房子，都是我們自己選擇的，妳是真的在教我們學會財商。」這一刻，我心裡非常感動，感謝老天爺讓懂我的人知道，無所求的付出，福氣自然來；此時，我也才理解，追求目標的過程中，難免沒有心思注意到小細節，人的一生需要各種不同面向的朋友，互相提點勉勵，多一個人的眼界，自可成就不同的世界。

個人眼界有限，越感恩越幸運

我一直很驕傲當年有人邀請我出書，分享過往的成功經驗，而這些經驗也的確獲得諸多好評，當然，也是因著自己這個樂於分享的性格，所以幾年時間下來，欣妍經歷了新的人生里程碑，也不得不承認，生命是多人組成的結果，一個人撐不起整個世界，人間有不少的活菩薩們，越懂得感恩，你才能越幸運。

所以，如何才能吸引到好的氣場？我舉《道德經》第八章「上善若水」這句話來解釋給大家聽，正所謂「水善利萬物而不爭」，我歸納出以下四個小方法供大家參考：

（1）先肯定別人。

不搶話，也不打斷別人說話。當別人邀約我聽課或是傳遞新觀念給我時，我習慣先給對方一個微笑，先肯定別人的分享，千萬不要話尚未聽完就急著打斷對方，也記得要在閒聊當中，耐心等待別人說完每句話，不急不躁。

（2）在別人求援時，請先說「好，我聽聽看」。

在過去擔任教職的工作經驗中，我發現因為身處校園中，身邊周遭的人無非是學生跟老師，大家的成長背景都很類似，所以我們很容易產生同理心，也知道學生們的需求，應對尚算輕鬆！但面對來自四面八方的新朋友們，尤其是不同成長背景或種族的人們，當對方願意跟你說出自己的困難，我總是會說：「好，我聽聽看。」因為要跟別人求助，本身就是需要極大的勇氣，感同身受的我，自然也願意用同等的包容去對待別人。

（3）時常記得他人對我的好。

這兩年，我都在外地創業，如今回想起來，心裡還是很感動，畢竟人生地不熟，不是每個人都會無條件地對你好。所以只要有人關心我們、伸出援手，我們都應該表達滿滿的謝意，須知不見得是物質，有時一個燦爛的微笑，一個熱情的擁抱，都能讓我們蓄積滿滿的動力，繼續向前。

（4）先為他人著想。

人如果有餘力，就該先為他人著想，就像當年我在深圳培訓新人的時候一樣，他們比我還青澀，大家根本也不知道接下來要住哪裡？食衣住行如何搞定？但在房地產上有所涉獵的我，自然必須挺身而出，協助大家找到落腳處，先安定下來後，才能做更多的事情。遑論這些人都跟我有著很深的緣分跟革命情感，大家已然是一群很要好的創業夥伴，而事實證明確實如此，過去以為需要三年時間才能創辦的圈子，我們竟在短短三個月就完成了。

當疫情開始之後，我發現朋友們一樣都在不同的圈子裡活絡，不論我們相隔多遠，大家過著不同的生活，但還是可以分享生活中學習到的知識及觀念。此時，我終於明白，將我們連結在一起的，就是「要求進步」的正能量，而不僅僅只是利益的交換，人這一生中，人際關係錯綜複雜，牽連甚廣，然而冥冥中自有定數，上天會引領我們朝著正確的方向前進。

欣妍（左一）與吉菓生態農場董事長黃國祥先生，以及農場夥伴們合影。

愛女力

生命就像迴力鏢，丟出去的時候沒有感覺，但彈回來的時刻總是無比豐盛，在別人最需要協助的時候，記得給予關心，未來他人自會有如泉源般，為你注入源源不絕的能量。

練習方法：

1. 先肯定別人。
2. 隨時傾聽對方需求，而不先入為主。
3. 時常記得別人的好處跟優點。
4. 設身處地為他人著想。

2-4 人氣聚足，好運連連

我喜歡研究道家學說，並從中學習維持人際甜蜜距離的重要觀點！

要成為一個懂得善用時間，開創事業跟人氣滿分的新事業女性，我們除了要運用財務槓桿，也要學會運用「時間」槓桿，把自己一天二十四小時的時間管理做好做滿。就像學員們問我：「欣妍，我要處理家務又要照顧孩子，還得拓展事業，時間根本不夠用，妳是如何面對這種情況？」我總是說：「我必須感謝家人跟朋友們願意給我建議，每當我遇到狀況時，優先請教專家意見是必要的，然後我會思考並跟相關人等討論，訂出一套管理辦法。」

這樣講，可能很多人會說：「妳一定沒有遭遇過挫折，才會說得這般輕鬆！」

的確，大家或許並不知道，我其實是一隻樂觀的女獅子，我生來就不喜歡留給別人悲傷的負面印象，可是這並不表示我沒有遇過挫折，只是我習慣當挫折與不順利來臨時，第一時間就是快速調整自己，然後就像八爪章魚一樣，運用身邊所有的資源，就是要找出解決方式來因應。

近年來，每當我想要往前衝，想要開拓海外版圖時，慶幸都有貴人相助！大家願意信任我，無非都是因為我有一個很重要的人脈經營理念：信任度。而至於如何獲得大家信任，共同建立生活目標，我則是從道家文化中，理解到以下幾個方向：

（1）學習「捨得」：在道家崇尚的觀念中，人與人的相處需要「讓利」與「捨得」。例如在我的人生藍圖的規劃中，我會採用專案處理的方式，把我手上的幾個未來的人生大方向，分別交給幾個志同道合的好幫手去處理，大家一起設立目標，共同討論，因為每個人的能力與專長都不一樣，也許我特別不會網路，那麼其他人若擁有這個強項，那麼不妨就交給他去做，即便未來多提供一些獎金或福利給他，這也都是非常划算的，畢竟交由專家處理，可讓推動專案的時間變短，相對容易達成目標。

（2）體悟「中庸」：在我認識老子的學說之後，我有很多觀念都在轉變中，大家想想，現在這個時代是不是每個人都要學習獨立？培養自己獨特的人生觀？但實際上卻總是有人喜歡強加意見在別人身上，我們應該學習道家思想中提到的「無為」，不強加個人想法去指導別人，讓大家皆可盡興地發揮所長。

（3）奉行「調養生息」：在老子《道德經》一書中曾提及，每個人身上都有很多的能量，不論是我們吃的食物、喝的飲料，在道家學派的眼中，我們就是跟自然界的花草樹木一樣的生物，例如沒有吸收足夠營養，將要枯死的一棵樹，若農夫幫它在土壤裡加一些營養，它或許就能再次成長茁壯。人也是自然界的一部份，每個人跟其他人的性格、磁場、能量能否合拍，這也是相當重要的，當我們的想法相同，目標相同，大家體力也差不多，自然能夠發揮更大的能力，所以要在工作之餘，我會跟同事們一起吃好吃、玩好玩的事情，一起調養生息，在工作中獲得樂趣，這也是我昔日從未發現過的生活禪。

還記得有一年，我們跟同事一起去峇里島旅行，在這趟旅程中，我們一起討論人生，一起享受美食，一起規劃未來夢想，那時候所激盪出來的能量，直到如今仍讓我回味無窮，雖然許多人如今已各奔前程，但大家私交依舊很好，而透過這樣的人際網絡，也常為我的事業版圖累積許多意料之外的正面能量。

廣結善緣，喜獲意料之外的幫助

出書那一年，我在高雄夢時代廣場舉辦簽書會，當時，我只是出了一本書，並沒有想太多，認定自己只是想把累積財富的經驗傳承給更多有需要的讀者，結果，也真的有不少人因此建立了正確觀念。記得當時，有一個學員跑來跟我說：「開創新事業跟個人理財是不相同的，它需要轉變一些創業者的心態！」當時，我第一個念頭是，我已擁有財富了，難道我還會不懂嗎？

直到後來，幾年過去了，我的經商思維也有了一些改變，我突然發現，對方當年的提點，讓我的創業心路歷程調整快了很多，我體悟到，「幫助別人，也要懂得接受別人的回饋。」人與人之間就像在山谷裡，我們傳達了什麼出去，自然會出現什麼迴音，只要讓好的意念傳達下去，就會有更多的恩惠傳送回來。

如果你曾經跟我一樣，不太理解這種狀況，那麼你可能要先理解未來將會遇到的狀況，找到辦法來因應，當我們都是上班族的時候，工作上遇到的多半是同事，很多時候大家就是公事公辦，壓力來源無非是如何把長官交辦的事情做完。但是在我開始開拓事業版圖之後，我越來越覺得佛家所云：「廣結善緣結善果」是非常有道理的哲學，這個理論深深影響了我，之前我有提到自己曾經前往很多新城市，遇到很多人，可是想不到這些人都會主動來幫我，很令我感動。記得一開始的時候，因為接受別人幫助，我心裡總是害羞的，因為我認為自己能力不錯，但竟然需要他人協助，實在很掉漆！直到後來，我終於理解到，這個世界一山還有一山高，我們要領略另一個境界之美，要學會接受別人的批評跟建議。

那麼，在給別人建議跟接受別人建議時，我會建議大家注意以下幾個小細節：

（1）保持年輕的心態。當別人給予建議時，需要抱持開放的態度。隨著時間的歷練，團隊中總會有來自不同經驗的人們加入，有些人看似年輕，可是卻相當有想法，或是因受到家庭環境影響，總能發揮獨到見解。這時你若能保持開放的心態，就可以得到更快速、更多的訊息，日後在做市場評估及判斷時，眼光將會更精準。

（2）「鬆弛有度」的責任感。千萬不要覺得任何工作都是非靠自己不行，責任感過大，有時反會給別人帶來過大的壓力。不論是在家庭、工作職場上，懂得放手跟授權，這都是一門學問，因為每個人都只有一個腦袋，一天也只有二十四小時可用，不是嗎？假設我們過於有責任感，什麼事情都要插一手，那麼別人怎會有學習跟成長的空間呢？沒有壓力的相處，才能讓事業版圖迅速拓展。

（3）凡事抱持「隨緣看淡」。「菩提本無樹，明鏡亦非台，本來無一物，何處惹塵埃。」這是唐代禪宗六祖慧能大師非常著名的悟語，當我們擁有很多時，總會希望能夠得到更多，我們反而忘了反求初心，時時擦拭自己的心情，問問自己，我努力夠了嗎？如果依舊無法如願，這是否會影響我的心情呢？奉勸大家永遠別忘了一開始的初衷，也就是說，創業者要了解自己的目標，才能保持不被外界影響的心境。

愛女力

人氣聚足，時運到時方能成大事；如果有能力，有技巧，往往就會產生更大的企圖心，每個創業家也都是冒險家，但在探險的路上，記得時時提醒自己，道家文化推崇的重點。

練習方法：

1. 與「人」相處要先懂得彼此讓利。
2. 與「事」相處要懂得不強加己見於他人身上。
3. 與「自己」相處，要學會調節精氣神。

第三章 /

家庭——幸福女人的風水寶地

觀念持續活化，「良禽擇木而棲」式的婚姻不再是新時代女性必要的人生抉擇；如何保有自己的社交圈及生活，讓心再大一點，眼界再高一點，格局再超前一點，反而是時代新女力的重要課題！

但即便如此，於我而言，擁有溫暖且有愛的家庭，更是女性開創事業版圖時的重要支撐！一份讓妳無後顧之憂的呵護，才是最暖心的支持。

3-1 婚姻啊，舒服就好……

話說「沒有完美的婚姻，只有彼此滿意的婚姻。」
套句老祖宗的話，甭管青菜、蘿蔔，人人各有所好，
只要彼此覺得舒服的婚姻，就是一段正能量滿滿的良配！

記得在大陸演講的時候，曾有學員問我：「欣妍姐，請問如何挑選一個適合自己的婚姻對象？我因為生性喜歡東挑西揀，所以總覺得很少有適合我的對象出現啊！」聽完她的問題，我覺得很納悶，於是反問她：「妳想要什麼樣的結婚對象呢？」

她說：「其實很簡單，只要他愛我，我也愛他就好。」

我不禁莞爾一笑：「那不就很簡單了嗎？妳條件那麼好，怎麼會沒有遇到喜歡妳的人呢？」對方聽完後微微笑了一下，不說話了……。

其實，現代都會新女性都說自己對另一半的條件沒有設限，然而實際上，大家隨著年紀增長，眼界開了，標準也就隨之越來越高，甚至有些女性的理財能力因為高於男性，生活品味出現明顯落差，導致大家更想找個比自己能力更強的男性，進而蹉跎了青春年華，其實如果大家也有這樣的想法，不妨參考一下我跟我先生當年的故事，供大家參考一下。

當年我們認識的時候，我就是喜歡先生單純的個性及生活模式，因為他不是生意人，而當時年僅二十多歲的我也已是一名公務員，兩人對於未來規畫都是朝向簡單生活的模式走，只希望未來不用太憂愁衣食吃穿即可；甚至連結婚後要住的房子，我們也是在結婚之後一起存錢買下的。如今回望這一路走來，我們共同打造了無數的理想，一步一腳印，實在很感心！

其實，我們兩人當初決定結婚時，雙方親友也有意見，例如生肖會不會對沖之類的，然而事實印證，結婚多年後的我們根本沒有這些問題產生，先生的個性、脾氣皆好，為人也相當理性，總是能夠帶給我滿滿的安全感，例如我最近碰上的房客糾紛難題，我與之商量，而他也總是願意聽我平靜地述敘，分享處理的方式，而這種相處模式，我認為就是讓我的能量越來越強大的主因之一！

有遠見的人，懂得選擇合適的另一半

婚姻路上若一路走來風雨不斷，大家或許就會懂得珍惜另一半的重要；能與我們風雨同渡的人，才是值得牽手過一生的重要伴侶。

近幾年來，大家可從新聞媒體上經常看到，哪位女星嫁入豪門，卻造成豪門內風雨不斷，或是哪對夫妻因為口角而拿刀互砍，最後鬧上社會版頭條的事情？或許，這樣的女性並沒有什麼不好，但相對從某個角度上來理解，我們也可知道，這樣的女性可能僅止於同甘，而非可以共苦的對象。

大家都已看過本書前面的章節文章，知道我從小家境清苦，沒有可以拿出來強調是「門當戶對」的家世背景，故而自然也無嫁入豪門的心思，我只是很幸運地遇到我的先生。還記得他跟我說過：「其實男女都一樣，有遠見的男人或女人，都不會選錯對方。」

曾有一位我相當欣賞的作家說過：「好女人身上散發著一種清麗的、春風化雨般的、妙不可言的氣息，她是好男人尋找自己、走向自己，然後豪邁地走向人生的百折不撓的力量。」聽完這一段話，大家是否與我有同感？因為好男人也是一樣，讓人可以與之學習、成長，一起走向美好人生。

夫妻不是合作夥伴，家裡也絕非是講究利害得失的地方，大家都是因為愛與關心，才有緣分生活在一起，換句話說，就是兩個人有共同的生活相處模式，走向同一個目標也不以為苦，反而很輕鬆自在。股神巴菲特在婚前曾與未婚妻蘇珊說：「自己工作一年積攢了一萬多塊錢美金。我們現在有兩個選擇，一是用這一萬美金去買套小房子，二是拿這一萬美金去投資，等過幾年後再買一個大房子。」蘇珊聽完後，毫不猶豫地全力支持巴菲特去做投資，並且非常相信愛人的能力。於是，兩人婚後租了一個兩室一廳的小房子，據說晚上還會聽到老鼠在天花板上打架呢……，而經過多年努力，巴菲特在二〇〇八年時，財力已達到六百二十億美元，一度成為世界首富。

當然，這個例子也許很多人都沒聽過，但它卻是活生生地印證在我與先生的身上。我們可以理解，男人娶了什麼樣的女人，日後就會有什麼樣的人生，確定自己能夠擁有什麼樣的人生高度。夫妻兩人的角色是互補的，而且更是彼此奮鬥動力的來源，不僅是在對方贏的時候可以一起君臨天下，更是在輸的時候也能相互扶持，一起東山再起。所以，擁有家庭及人生最高級的幸運就是選對了另一半，你說是嗎？相信對方也尊重對方，這才是共同走向幸福的康莊大道。那麼在挑選另一半的時候，究竟應該怎麼選呢？以下幾個選擇上的分享，供大家參考：

（1）認同彼此是人生中的重要夥伴，投資對方就是投資自己。大家現在都是經濟獨立、事業獨立的個體，很多人都忘了其實投資另一半就是投資自己，因為夫妻就是這樣，當另一半成功了，記得要為對方喝采，因為幫他就是幫助這個家，所以，挑一個愛自己的先生、愛自己的太太，才能欣賞家庭的成長，而非互相杯葛。

（2）女人是男人的貴人，男人則是女人的強力後盾。在第二章裡我們有提到，女性創業者擁有一些男性欠缺的優勢，例如學習力、貼心、更有品味等等強項，這個特質既可補足男性的視角，也能擴充他們的視野，所以，一個好女人絕對是男人生命中的貴人，而好男人就會是女人生命中永遠的後盾，不管是誰累了，總有一個地方可以讓你回去休息。

（3）當目標一致時，大方分享：若不幸跌倒，也要互相鼓勵。生活難免有苦有甜，吃苦的時候，我們要懂得互相鼓勵，得到甜頭了，也要大方分享，愛自己的另一半，與對方共享，成功的果實才會更加甜美。

最後，大家必須理解家庭是兩人共同經營的地方，一個女人的好，絕對是好男人襯托出來的結果，幸福家庭不能是一場獨角戲，某一方若是孤注一擲，一意孤行，那麼即使對方說再多，也都會被看成是嘮叨，進而厭棄。總之，在一個家庭甚至一個家族裡，女性溫柔的動力影響甚大，但男性源源不絕的安全感，更是一個家庭完整的關鍵。

找到對的另一半，才能飛得更高更遠。

愛女力

經濟越獨立，人們的腦袋往往就越理性，企業甚至其他團體都是講道理的地方，反觀家人、家庭卻是講愛的地方，親人會給你鼓勵、聽你訴苦、扶持你重新站起來，故而找對伴侶，生命的旅程才能走得有滋有味，慢慢走，細細品，你的人生終究會因為對的另一半，飛得更高更遠。

練習方法：

1. 投資對方就是投資自己。
2. 品味是女性的強項，藉此補足男性的視角。
3. 當彼此朝向同一個目標時，記得互相鼓勵。
4. 你可以因為不開心而互相討論，卻不要有隔夜仇。

3-2 三觀正確，婚姻關係肯定好

什麼是三觀？
指的無非就是「人生觀、價值觀、世界觀。」

我有一些住在美國的朋友，歷經千辛萬苦終於拿到綠卡，但多年下來，還是發現自己終究是美國人眼中，黃皮膚的華人，而非白人……。所以換句話說，不論我們選擇了什麼樣的婚姻，我們都逃避不了兩個問題，一是我們要走進的婚姻，兩人的價值觀是否契合？第二是我們想要創造的人生財富是什麼？畢竟這兩者是密不可分的一體兩面，一個幸福的家庭是必須理性與感性兼具才行的。

話說你的婚姻狀態好不好，這與你的原生家庭狀態及人際關係等都有關聯，畢竟你的人生觀、價值觀的建立和啟蒙點，這都和你的原生家庭息息相關，講白話一點，就是雙方的三觀要契合，具備共通的人生觀、價值觀、世界觀，大家才能互補，當妳想成為一個經濟獨立的女性，自會有一個願意包容妳的先生出現，他的價值觀會促使他願意支持你的事業發展，兩人共組的家庭自然就會和樂融融，所謂「家和萬事興」就是如此。反觀若兩人價值觀差異太大，先生礙於面子不願意太太出去工作，發展自己的事業，那麼財富的累積就會慢一點，未來也極有可能因此分道揚鑣，畢竟光是溝通觀念就要耗費相當大的時間，要懂得如何把握時間去奮鬥才行。

例如兩個人要投資房地產，房子的裝潢，如何規劃花費……，這樁樁件件都會影響家庭財富的累積，這筆裝潢的費用是由先生決定還是由太太決定？總共要花在哪個部分？……上述種種都是問題。所以，當兩個人觀念契合，婚姻狀態，財富累積的速度自然都會好。

但大家可別忘了，這一切又是怎麼來的呢？這箇中關鍵即在於你的原生家庭，特別是父母親的教育、兄弟姐妹的相處、家族間的凝聚力等等，這對你的一生肯定是影響非常大的。

很多人都不知道自己這輩子的人生導師是誰？誰又是你真正的貴人？事實上，每個人生命中最重要的貴人，其實就是你的雙親與另一半，婚姻也好，財富也罷，身體健康更是如此，每個關鍵都跟你的原生家庭有關，我們不妨回頭自我檢視看看，就像我，每次只要回想起從小在菜市場幫忙的生活情景，我就會有更大的動力要求自己一定要成功，這在某種程度上確實是於我有益的！

此外，我們更透過原生家庭的成長過程，成功創造了自己專屬的個性，原因即在於個人與家庭間的血緣關係，一個人的婚姻狀況，未來的婚姻是否幸福，這跟雙方的家庭教養實在關係太大了，正確觀念的養成，個人對社會的認知與判斷，乃至於生活智慧、判斷事情的情商等等，每樣都有巨大影響。

就像我以前擔任教職時，便曾發現其實有很多孩子自小就很勇敢，或許學習成績並不理想，但天資聰慧、願意動腦筋，加上勇於拚搏、不恥下問，勤於鑽研自己不知道或是他想知道的新鮮事物，這些都是相當奇妙的部份！

選擇伴侶，要以三觀接近為佳

很多人從來沒有想過自己要走進婚姻，自己要建立家庭和自己未來的人生事業究竟有多大的關聯，可以說九成五以上的人是從來沒有思考過這個問題的，你可能不曾思考過這個問題，不知道自己為何要走進婚姻？而走進婚姻的目的又是什麼？這也是絕大多數人都不曾弄明白的問題。

很多人就是為了結婚而結婚，對吧？年紀不小了，是該找一個條件差不多的人湊合湊合了；緊接著，既然為了結婚或是傳宗接代而結婚，所以彼此之間並不一定真有什麼共同目標，長此以往，這樣的婚姻哪會好到哪去？規劃婚姻就好似規劃自己的未來人生與財富，大家知道嗎？一個很會賺錢的先生，遇到一個不認同婚姻制度的太太，也可能造成財富跟金錢的流失，因為先生在努力賺錢的時候，太太很有可能會在一旁說風涼話，阻止財富累積的速度。但這真的是很多人從未意識到的問題，須知婚姻美滿一事，對你的財富累積有著決定性的作用。

只是為什麼我要說，家庭是兩人共同創造財富的最佳風水寶地？原因即是，在創造財富的過程中，每個人多少都會遇到麻煩，嚴重一點可能還是生與死的考驗……，這是我親身經歷過的事情，所以我再此提醒大家，沒有誰可以一夜成名，每個人今天的輝煌，實際上是背後多少艱辛、痛苦跟磨難的鋪墊。曾聽過一位心靈成長的講師說過：「記得要謝謝妳的先生，成功是不容易取得的！」我很感恩，我擁有一個美滿家庭，一個美滿的婚姻就是補充我滿滿正能量的地方，而且還是正能量爆棚的風水寶地。

全世界都在面臨後疫情時代的來臨，我更加深刻體認，家人的支撐跟諒解，是最好的良藥與大補貼！無須言語溝通的支持，讓我們即使在外面受傷，回家休養後亦可重新再出發！羅馬也不是一天造成的，我們需要努力，需要選擇人生正確的方向，箇中還要不斷糾結，因為每個人的人生就是一次又一次的嘗試錯誤，有時犯錯的時間非常長，非常痛苦而且彷徨，甚至讓我們都想放棄妥協了。但我們身後總有一個支持包容的動力，那就是深愛我們的家人，即使在外怎麼不被人理解，但只要另一半理解支持，我敢大聲說，除死無所懼，所以還有什麼值得擔心受怕呢？只要有人真正關心支持、理解包容並願意啟發你，吾願足矣。

先成家，後立業

人生無常，每每遭遇挫折時，我們才能體悟到家庭的重要。所以前人才會時時告誡後生晚輩「先成家，後立業」！先有一個家，成為你心靈能量的補充來源，待能量耗盡時還可幫你補充，然後再去闖蕩打拚，創造佳績。舉例來說：我常常投資房地產，看到身邊很多朋友買了別墅卻沒人入住，我這時就會跟他說，你以為買一棟別墅它就叫家嘛，一個沒有溫暖，沒有溫度的大房子，它不叫做家，它充其量就是空屋，所以財富跟家庭是有相對關係的！

第二句話是「家和萬事興」，老祖宗強調磁場要合，風水要對，因為只要風水一旺，做任何事情都能好運連連著來，成功只是一個水到渠成，再自然不過的事。這個世界真的很奇怪，當大家整天想著發財時，結果往往事與願違，反觀當金錢主動找上門的時候，你若不想發財都很難，整天什麼事都不幹，財富甚至是好運氣依舊源源不絕地找上你，而這實際上都跟你的家庭、婚姻有著極大的關聯。

總之，不管你目前是已婚或未婚，都請認真看待它，因為人生追求的最重要兩檔事，一是婚姻，另一就是事業。婚姻能讓你產生巨大的能量，順利創造財富，一個人身上沒有能量，怎麼可能有動力創造財富？賺錢道路上崎嶇難行，很多意想不到的困難阻礙總在等著你，所以，天底下的成功都是百鍊成鋼的過程，需要建立堅定的信念，方可成事！一旦婚姻不美滿，你就喪失了至少一半的信心與動力，遑論追求人生的價值。

共勉之！

愛女力

婚姻美滿，就是雙方目標一致，願意為了家人忍耐並學習品嚐人生當中的酸甜苦辣，懂得去努力奮鬥，整天都是滿懷信心，努力創造價值。

1. 瞭解你要的婚姻是什麼？
2. 不論如今身處何種生活環境和狀態，都該重視你的婚姻。
3. 人生就是追求兩件事，一是幸福美滿的婚姻，二是人生成功的事業。
4. 家庭是補充能量的最佳場所，也是你創造財富的最佳風水寶地。

3-3 家人，就是改造你的貴人

你和另一半都在吵些什麼？正所謂太陽底下沒有新鮮事，
天底下的夫妻也總是為了很「老梗」的事情吵個不停。
你們呢，吵架的原因又是哪些？

根據內政部統計，老年離婚在台灣有逐步攀升的現象，婚齡三十年以上夫妻離異對數，近十年來增加約一二%，是所有婚齡中最高。

第一階段：新婚蜜月期

從內政部的統計來看，似乎有那麼一點道理。民國九十六年台灣的離婚對數，婚齡五年內者佔比近三一%，是所有婚齡中最高。《幸福關係的七段旅程》書中提出，自由戀愛後，距離是種美感，結婚後則不是！試問尚在蜜月期的兩人怎麼會如此快便吵到要離婚？其實，箇中最大的問題在於，雙方對彼此的迷戀程度降低了：

（1）生活習慣不同調：例如牙膏蓋沒蓋好、衛生紙選用什麼牌子？……生活細節總是從相互提醒進而鬧到吵個不停。

（2）為錢吵架：夫妻關係潛藏著微妙的金錢權力，因為現在都是雙薪家庭居多！所以大家開始出現「誰的薪水較多，就有權利多花錢」的老大心態。再者像是家用支出如何分攤？要不要設立共同戶頭？兩人又要各存多少錢進去才行？最後甚至是這筆基金應該花在哪裡？是先買房還是先買車？或是投資股票還是基金等？

（3）缺少感謝的心：日本《Family》雜誌的夫妻大調查：太太最不滿先生隨口應付的對話是「都可以」、「沒什麼」等。而先生最不喜歡太太總用質問的口吻說：「為什麼會這樣？」

第二階段：孩子出生後

小孩會引起夫妻爭吵，通常與兩人的兒時經驗差異有關。人們常會不自覺地將兒時的缺憾或自認的美好經驗投射在育兒教養上。但夫妻的童年經驗不同，造成雙方對孩子產生不同的期待，若對方的養育模式可能破壞自己對孩子的想望時，衝突便隨之出現。許多夫妻從孩子尚在襁褓中，便能吵到孩子滿十八歲外出就學去……，夫妻間為此吵架的話題很多，我在此條列以下幾個重點供大家參考：

（1）婆媳變成婆孫媳。婆婆、媳婦、孫子之間的三角關係，錯綜複雜，從小孩出生後，婆媳間的疙瘩便從兒子轉移到小孩子身上。諸如教養觀念的差異、為了小孩吃公婆的醋等，婆媳大戰演變成婆、媳、孫三國鼎立之勢，局面變得更為複雜的三角關係。太太對婆家的負面情緒無處宣洩，最後就是全部往丈夫身上倒，進而導致夫妻間的關係越發緊張。

（2）誰是孩子的主要照顧者。教養小孩的歧見，讓衝突永遠不間斷！孩子年幼時，大人們為了小孩該喝什麼牌子的奶粉而吵，生病要送小診所還是往大醫院擠，照顧方式常是爭吵素材。孩子再大一點，上學了，家長們又為了該念私校好還是公校棒，課後又要讓孩子去上什麼才藝課等話題起爭執。其他如小孩愛頂嘴、說謊等行為偏差問題的教養方法，也常引起夫妻口角。

（3）家庭責任分工衝突點。夫妻常計較彼此的付出，或誰的工作比較重要，根據馬里蘭大學研究，女性在生孩子後，平時所要承擔家事量比男性整整多出三倍，畢竟孩子就是一個需要被照顧的人，先生若無法同步進入狀況，或是以工作繁忙作為卸責藉口，讓兩人在分工比重上出現失衡，往往就會出現衝突。

亞洲社會對男、女兩種角色的容許性，比較傾向先生拚家計、太太管家務，太太一旦家事、工作兩者無法兼顧，就會開始爭吵誰的工作比較重要、誰該多放點心力在家務上。當然，我慶幸自己擁有好公婆跟先生，所以一路創業至今，大家都願意幫忙多做一點，自然就能減少衝突的發生。

（4）疏於打理的另一半。老婆整日家事、工作兩頭忙，就連好好睡上一覺都變成是一種奢侈，這時哪還管得了頭髮是否梳整齊？衣服配得好不好看？但都忙到這個樣子了，沒想到老公竟還批評：「妳這樣打扮太老氣」、「最近好像變胖了」

男人的隨口說說，卻會讓太太頻頻抱怨：「我還不都是為了這個家。」另外，人近中年難免發福，若某一方持續強制對方減肥或運動，也很容易引起抗拒或爭吵。

第三階段：熟齡婚姻期

婚姻專家認為，「女性的空巢期」及「男性的中年危機」是導致熟齡婚姻生病的主因之一。此時，女性養育孩子責任已了，開始不想忍受另一半老把自己當成員工使喚，當然，我先生並不會這樣，我認為這主要還是兩人的溝通方式跟語氣出現問題，必須格外小心。再者，男性為了證明自己仍是不敗的英雄，容易臨老入花叢，出現外遇或桃色糾紛等事。請容我總結，外遇及生活瑣事的紛爭，成為老夫老妻最常見的兩大衝突來源。

（1）無聊的生活瑣事：「今天的飯菜炒得太鹹」、「地板怎麼總擦不乾淨」、「妳到底把我的衣服收到哪裡去了」，生活自理能力仍停留在兒童階段的退休老男人，整日在家嘮叨不停，太太心生「我要伺候你到何時」的不滿情緒，可能就此一觸即發⋯⋯。

（2）關係的空洞化或外遇：若無法在事業上超越現狀，回歸家庭後又得不到太太認同眼光，男性「英雄的失落感」油然而生。

夫妻關係的空洞化及外遇，成為中老年婚姻最大的衝突來源。

掌握三原則，越吵越恩愛

夫妻吵架天經地義，但「會」吵的夫妻，感情往往越吵越好，而且吵架次數也會越來越少。筆者提供四個吵架時該遵守的原則，幫助大家有效預防夫妻吵到不可收拾的窘境，還能越吵越恩愛。

（1）講情，不講理。

會吵到不可收拾，多半是因為過程中出現「這件事應該是我對你錯」。只要涉及輸贏，人的本能一定是防衛、反抗，並企圖說服對方同意自己，證明自己的「無誤」，孰不知據理力爭的結果往往

是兩敗俱傷。你我必須明白，家庭不是法庭，夫妻該搏的是「感情」而非「是非」，記得時時感謝對方的付出跟欣賞對方的優點

（2）找出吵架的行為模式，停止無效的行為。

每個人面對壓力都有不同的反應，吵架自然也有行為模式可循。《男人來自火星、女人來自金星》作者約翰・葛瑞曾在書中提到，一般男性承受壓力時會退縮、封閉，女人則是煩亂、反應過度，而這兩種反應的形成，導致夫妻吵架最常出現以下模式：一方不斷「窮追猛打」，得理不饒人，而另一方只想「息事寧人」，但越不回應，另一半就越抓狂……，直到最後就是罵不還口的一方，也被激怒。

如果夫妻的相處已能掌握對方衝突時可能的反應，這即表示彼此的行為已成慣性的互動，此時不妨停止無效的行為，窮追猛打的一方可以先按下暫停鍵，例如轉身倒杯茶，暫時離開現場，停止爭吵，等對方準備好了，想談話時，再進行溝通。而總想著息事寧人，

不願面對問題的那一方，也可以嘗試改用積極的態度開啟雙方的談話契機。

（3）負面語言。

吵架時的一句「你都不關心孩子」、「妳爸很笨，妳媽不懂」，可能就會讓雙方口角越演越烈。會在婚姻生活中感到挫折，常常是因為自認努力付出，卻總被對方否定，在此建議大家不妨改以誇獎對方來因應。

如果真要溝通，我自己試過，先別急著表達自己的感受及想法，改成專心傾聽對方說話，先了解對方在意什麼，再以肯定的語言同理對方的感受及付出，最後試著分享自己的立場及想法。只要對方覺得自己的努力有獲得正面回饋，自然會以正面態度回應你的感受及需求。

改變自己是一種人生智慧

我在本章節中跟大家暢談經營婚姻的祕訣跟改變自己的方法，其實這都是一種人生智慧，不論是否有跨入婚姻，你我都要學會善用自己的生命力去影響別人。

婚姻跟戀愛不一樣，戀愛是兩人的事，婚姻則是一個家族的事情，我們從每個家族成員身上都可以學到一些事情，我向來秉持「了解人際關係，就是創造財富的最佳途徑」，建議大家跟著我，一起來改變自己的家族人際關係吧！

（1）越懂得感恩，你將會越成功。感恩不是掛在嘴巴說說，真心感恩的人，通常具備慈悲心，畢竟這不僅僅是愛而已，古代經商者常說，上門的客人就是恩人，不論是點一餐飯還是略施小惠，我們都要感恩財富上門、感恩貴人施恩，這樣一來，會讓週邊的貴人越來越多，也要落實感恩的行動，財富自然就會跟著你。

（2）美滿的親子關係，讓好運旺旺來。不少成功人士都是孝子來的，就像企業大老郭台銘、王永慶等人，孝順是他們相當突出的人格特質，人們常說「家有一老，如有一寶」父母親就是我們的財富，家中若有佛祖跟菩薩坐鎮，自然好運來不止了。你或許可說我很八股，但孝順畢竟是中國的傳統文化，我們甚至會稱呼自己的生日就是母難日，無非就是要把媽媽的地位放在較高的層級上，所以我建議大家若有時間，不妨多陪伴父母親，孝順也是增加財富的通道之一。

（3）願意改善與伴侶的關係。大家要了解，如果夫妻的感情不好，特別是在吵架的時候，往往就是口不擇言，絕無好話，加上情緒波動較大，心思被擾亂，有時動手都可能……。不知大家是否會發現，夫妻感情欠佳，另一半往往什麼話都講得出來，好話不見得有影響，但說過的壞話肯定都記得，尤其是你重視的對象，說出口的難聽話，常常一記就是一輩子！

（4）與家族間保持良好互動。在過去，祭祖就是家族跟祖先的鏈結，是家族的榮譽跟使命感，節日對於祖先的懷念。在現代的說法，就是家族與人脈的關係，每年三大節日的祭祖與親族互動，能夠學會尊重長輩的倫理關係，尤其在現在電子時代的社會，偶爾聚會與碰面，更能拉近彼此的距離。

（5）願意貢獻與分享。人必須要有價值，不管是時間或精力，總之就是必須捨得跟貢獻，回饋社會，當我們對於社會的貢獻越多，財富自然會從其他地方匯入你的週邊。正所謂「無心插柳柳成蔭」，這就是透過許多人不自覺的小小分享跟貢獻，最後方才聚集成龐大的社會資源跟良好互動。

（6）為自己築夢，設定目標。想要有實際的願景，你就得在心中常常檢視，就像你要去遠方，決定是搭飛機或坐高鐵，你都要預先選定到達方式，才能抵達目的地，畢竟有了目標，開始努力實踐，老天爺自會讓大家心想事成。

（7）習慣說好話，不口出惡言。為什麼有些人在婚姻關係中受人愛戴，據我觀察，那應該就是多說好話吧！盡量以愉快的心情，多說好話，口吐蓮花，我相信只要不抱持受害者心態，覺得社會對你不公平，平時多說好話，改以樂觀、積極跟豁達的心態面對大家，我相信人人都喜歡跟這樣的人聚在一起，如此一來，定能增加你的自信與歡樂。

在心理學上，透過以上幾點可讓人們心生安全跟規矩，進而訴求一種人際關係的儀式感，你也可從行為開始改善內心的認同與價值，緩步改變自己，建議大家不妨試試看。

愛女力

從今起，開始改變自己吧，改掉原有的惡習、缺點，每天多進步一點點，慢慢地你會越來越好。

1. 只有先改變自己，才能贏得機會；只有改變自己，才能迎來生命的美好時刻！
2. 只有改變才能戰勝自我，只有改變才能擁有財富和幸福。

3-4 改善婚姻關係，走心為上

俗話說得好，「夫妻就是一對歡喜冤家。」
婚姻中的雙人舞能否跳得賓主盡歡，其實是有很多徵兆可循的，
常常拌嘴的人並非一定會走上離婚一途，
而反過來始終客氣應對的一組，也絕非就能走完全程……。

對於婚姻、家庭甚至親子互動，這些緊密的關係都與我們連結在一起，許多男性不懂得老婆在家庭中的關鍵角色，只知男主外女主內，卻不知女性除了生性渴望有愛呵護，更希望家庭關係和睦，每每融進大家庭中，既要扮演媽媽跟媳婦，有時更得兼顧職場上的專業形象，實在是一心多用啊，所以，我在此特別想跟大家分享調整情緒的方式，讓大家可以過得更簡單、平實也愉悅……。

約翰・戈特曼，美國人習慣稱

呼他為「婚姻教皇」，他曾在奧普拉‧溫弗瑞的脫口秀中表示自己有一個專長：只需花五分鐘時間觀察一對夫妻的互動，他便可判斷這兩人將來會不會離婚？

而可怕的是，準確率竟然高達九成以上！

我記得，戈特曼採用的是科學實驗方法，他建造了很多大房子讓這些志願者在此度過一個長假，並為他們身上加裝了監測心跳、脈搏及聲音的器具，而這些夫妻當然知道是一次被監測的實驗，剛開始或許緊張，但隨著入住時間拉長了，大家也就慢慢恢復到正常狀況。這個實驗時間長達十六年，最後透過大量的身體檢測資料，包括血壓、心跳、脈搏及檢測者的婚姻狀況等，最後得出一整套完整的數據，進而演化成一些用來解決婚姻問題的辦法。

因此換句話說，改善婚姻關係並非只能感性地「質化」，有時透過理性的「量化」數據，反而更能幫助大家！

你不相信？那咱們不妨往下看看……

簡單改變不難，融冰要講方法

曾有學員問我，覺得自己跟另一半越來越無話可說，每天的生活就是行禮如儀，這樣的婚姻關係該要怎麼激起火花？其實我覺得很簡單，只要你願意去做一些改變，狀況並不難解。

（1）完善你的愛情地圖

什麼叫作完善你的愛情地圖呢？其實指的就是雙方互相瞭解越多，就越不容易離婚。試問，你對另一半現在整天都在幹嘛，你真的知道嗎？你是否瞭解過對方現在的煩惱是什麼？甚至是目前工作中是否正在遭遇重大挑戰？近期又有什麼重要的活動要參加？最近交了哪些新朋友？……諸如此類的事情都是我們對另一半的瞭解。

而這個地圖是會不斷更新的，為什麼呢？比如說我跟先生是大學裡的同學，所以我們對於年輕時候的事非常瞭解，我們知道很多的事，我們的感情基礎其實非常深。但是，你們若不去時時更新，短短幾年內，對方所發生的事，你便可能會變得不知道。因此，完善你的愛情地圖意味著，你要經常跟配偶進行溝通瞭解，聽聽對方聊聊工作上甚至生活中遇到的大小事，聽對方嘮叨或抱怨，甚至對他的行蹤，工作之餘都在做些什麼事情保持一定程度的瞭解。

以我自己為例，我習慣每次出差，只要到定點時便會給家人報個信，發個訊息讓家人知道我現在在哪裡，甚至連下一站的行程也會一併告知，需知這個愛情地圖就是要讓彼此都有更多的瞭解，這才是我奉行的理論：愛來自於瞭解。切記，當夫妻之間變成了彼此都不知道對方在幹嘛，甚至也不關心的狀態，那麼這段婚姻肯定就岌岌可危了！多去互相瞭解、打聽甚至某種程度的掌控，當然這不意味著跟蹤對方，畢竟這就變得很糟糕了，我要的是請你多去跟對方聊天，讓對方自己告訴你他目前的生活及心理狀況，這才是完善地圖的關鍵，建議大家不妨多多加強並瞭解，真的很實用。

（2）培養共同嗜好，多多讚美

有一回我在做線上教學，學員問我：「我發現自己不愛我老婆了，怎麼辦？」我聽完馬上回答她：「那你就去愛她啊。」他接著回應：「老師，你可能沒聽懂我的意思，我說的是，我現在不愛她了……。」唉，其實我的意思很簡單，就是教你再去愛她呀。而對方想讓我理解的則是「我已經不愛她了，但你又幹嘛老教我要去愛她？」哈哈，真奇怪。

記得美國著名的管理學大師史蒂芬・柯維曾經說過：「請注意，

愛是一個動詞。」大家要知道，「愛」不是一個簡單的狀態，它是一個動詞。所以當你感覺到你已經無法再愛的時候，應該怎麼辦？我的認知是，就是繼續去愛，只要發現不愛的時候就再加碼去愛。所以，如何持續讓夫妻間保持喜愛的感覺，相當重要。而我覺得最簡單的作法就是互相讚美。

讚美是一個很棒的加溫方法，筆者在這裡給大家介紹一個簡單的小遊戲，比如說你回家拿一張紙，然後寫下另一半的三個優點，像是生性節儉、做事認真且值得信任，甚至是對人和善有愛心等諸如此類的優點。然後在每個優點後面再加上一個佐證，因為對方曾做過什麼事讓你覺得他很節儉，又因為曾發生過什麼事，讓你感受到他很值得你信任……。

等到寫好之後，讓配偶也試著寫一份有關於你的，然後雙方交換看內容，請千萬不要小看這個動作，因為你們倆人交換看這張紙的內容，絕對會給你們帶來特別多的樂趣，因為你們肯定會開玩笑，會覺得很好玩，更重要的是對方為你列舉的這三個優點，將會為你們帶來莫大的成就感。你會因此覺得當一個妻子或老公，自己的居家生活是特別溫暖，特別開心的。

想想看，你是否能夠做到這一招呢？雙方互表喜愛的心意，值得試試看！

說穿了，這就是一種回饋，就是要你經常給予對方一種回饋，除了表揚她以外，要清楚說明為什麼，這才能讓對方相信你說的是實情，會因此更加願意與你在一起。此外，這個模式更是塑造對方去做更多令你高興的事的動力，也就是塑造別人行為的過程，而這就是我所說的「培養共同嗜好，多多讚美」。

（3）讓彼此更靠近

當兩人有著更多身體接觸時，感情也會隨之加溫，想想看，你現在出門會牽起另一半的手嗎？甚至等到你們倆人七老八十了，還能不能互相挽著對方的手攙扶著往前走呢？這就叫做互相靠近，像我跟先生還會一起手牽手去趕場深夜的電影，回家前再去吃個宵夜，過過兩人世界……，建議大家不妨試試看！

那麼怎麼做才能達到互相靠近？有一個簡單的建議給大家，那就是兩人在家時可以一起做些事，比如現代夫妻多半採分工合作制：你去陪孩子，我來做飯，界線分明。但是這樣一來，你們其實就錯過了一起完成一件事的機會。調整一下，能否改成一塊做飯，讓煮飯的時間變短一些，然後就有更多的時間可以一起陪孩子玩耍學習。而當你們一起做飯、陪孩子玩的時候，因為接觸變多，自然身體接觸的機會也就會變得更多，達到讓彼此更靠近的目的。

然後，你甚至可以邀請另一半一起去旅遊，拉長彼此單獨相處的時間跟機會，這都是創造一些讓彼此靠近的好方法。

（4）讓另一半來為你做決定

你知道我們家當年在搬新家時，因為老公特別愛裝修，而我又剛好是個特別不喜勞師動眾的人，故而在新家裝潢時，我的建議是不要花錢，但偏偏老公又希望自己來，所以，溝通半天後，我決定不做任何決策，全部通通交給先生處理，既省了我的麻煩，也讓他因為有事可忙，更加開心。

這也是因為我相信他的審美觀跟品味，畢竟有些人天生就是擅長此道，懂得做居家布置跟搭配，所以，當你學會讓配偶替你做決定，家庭生活將會更加幸福。而這當中還有一個特別重要的點，那就是男女本身真的大不同，男人總覺得自己挺棒的，但實際上男人在很多層面上確實比女人差很多，比如在處理人際關係上，女人的身段多半會更加柔軟，心思更細膩，所以，找出彼此的長處善加運用，好處多多。

（5）以溫和開場，以妥協收場

什麼叫作以溫和開場？比方說另一半總是不愛打掃環境，也不幫忙倒垃圾。這時後，你可以試著跟他說：「請你幫我倒垃圾好嗎？」當我們提出一個具體要求時，這其實就是一個溫和的開場。反觀若你張口就罵：「你的眼睛是不是瞎了，沒看到家裡一堆垃圾？」這就不是一個溫和的開場，變成是一個用鄙視或批評來做開場的互動。所以，夫妻之間是可以爭論甚至可以出現要求的，但這時你一定要儘量做到溫和，也就是就事論事，不要硬爭。

筆者發現，如果雙方始終不願妥協，那麼任何談話都不會有好結果。婚姻就是一個妥協的過程，所以我們需要用溫和的方式來開場，直到最後更要學會讓步，畢竟為你所愛的人做一些讓步，這有什麼損失呢？遺憾的是很多人常會執著於小事上，一點點的讓步都不願意。

再者，要學會讓步，首先就是修復情感以及接受情感修復這件事，就是像我說的一起去逛街、拉拉對方的衣角、開個玩笑、賣個萌、耍個呆……，這些舉動都是修復情感的好方法。兩人之間應該建立一些這種情感修復的默契，只要對方一說出這樣的笑話，大家就要哈哈一笑，不再記仇，這才叫做情感修復。

至於另一方也要學會接受情感修復，就算你當時正在氣頭上，你根本說不出情感修復的話，但你起碼也要在別人做了這個舉動時能夠接受它，畢竟這也是某種貢獻。所以，如果能夠做到情感修復和接受情感修復，以溫和的方式開場，更以妥協來收場，即便雙方在談論任何敏感問題時出現爭吵，也能夠確保這場架吵得很有品質、有建設性，更可能是增進情感的契機。

反過來，假設雙方冷戰不說話，這才是一個危機。當然，要做到溫和開場，妥協收場，還有一個重點就是容忍對方的缺點，不要希望通過改變配偶來改變婚姻，須明白，改變婚姻最有效的方法其實是改變自己，只有你願意改變自己，你的婚姻肯定能夠獲得改變。

（6）與家人和諧共生，創造並凝聚共識

在一個家庭當中，若能夠透過吵架討論問題，這還算好，怕的是即使吵了好幾天，大家依舊無法凝聚共識或和解，這時應該怎麼辦呢？我建議大家，這時無妨學習跟這些難以解決的問題和諧相處，比方說夫妻雙方的宗教信仰不同，這樣能不能一起生活？你若問我，我覺得其實可以，只要秉持你信你的，我信我的，在家裡咱們就是避談宗教的事，把宗教信仰擺放在一邊，互相尊重就好。有時不一定要把話攤開講，這樣反而傷感情！

又比如說，你的婆媳關係一直不太好，即使有心改善，卻也始終找不到一個好機會去處理……，這時，你不妨先把它放一邊，也就是不要去觸動它，讓這個家庭能夠在相對和睦的氛圍下去生活，久而久之，問題有時會在無形中逐漸化解了。畢竟沒有一個家是百分之百完美的，首要之務就是做到跟它和諧相處就行了。

最後，夫妻相處的最高境界是什麼？簡單說來就是兩人擁有一個共識，例如這段婚姻到底為何存在？咱們倆人如何讓婚姻品質變得更好？

現代社會開始出現所謂熟齡離婚，許多夫妻在孩子們上大學以後決定分道揚鑣，這是現在十分常見的一種現象。主因即在於雙方覺得生活在一起沒有意義。那麼，我們應該如何找到一個除了孩子之外，更大的意義？建議雙方可以坐下來認真討論，說說自己人生當中最珍惜的東西是什麼？你有沒有什麼夢想尚未完成？試著把夢想講出來聽聽，或許兩人還可以一起去完成也說不定喔。

而當你的配偶開口跟你描述自己的夢想時，千萬不要嘲笑他，也別隨口說出「你怎麼會想這個呢？這有什麼意思呢？」之類的評論。因為當你一旦嘲笑他，對方肯定就不願往下說了，所以在對方述說夢想與人生價值觀時，請記得，這肯定是他最珍惜的事物，你只要安靜地聆聽，適時地點頭表示理解即可。然後，雙方透過這樣的模式進行溝通，瞭解彼此對於生活的期望後，再來重新規劃對於美好家庭生活的理想，或者提出一些願景等等，這就是達成某種共識。緊接著，列出雙方對這個家的共同願景，而出於完成這個共識與願景，你們兩人就成為了一起奮鬥的夥伴，而非互相爭鬥，關係自然可獲改善。

所以，我始終深信，培養並努力實踐共識，就是夫妻相處的最高境界，讓夫妻倆找到共同的願景，一個願意繼續共同生活下去的意義。

上述招式不妨逐一嘗試，你會發現自己的家庭生活變得不一樣。

當然，有些問題比較特殊，不一定能夠一概而論，這時就有需要單獨拿出來講講，比如有些家庭之所以不幸福，肇因於金錢壓力，家裡確實因為沒錢，所以常會為了一點雞毛蒜皮的小事就擦槍走火，互相亂發脾氣，那是因為財務壓力已經大到讓人幾乎快要爆炸了。還有些人則是因為工作壓力大，所以回家就是罵老婆，罵孩子，而孩子受不了壓力轉頭踢家裡的貓咪，這就是我們常說的「踢貓效應」。

所以當很多家庭是因為壓力而出現夫妻齟齬時，我會奉勸大家善用減壓談話來因應，允許對方在你面前吐槽，甚至說一些消極的內心話，允許對方表達自己的無助、無奈或憤怒，而你這時更要表達理解之意，畢竟這個世界上他最需要得到的理解就是另一半的理解，你能夠給他的禮物就是減壓與理解，不用好意告訴他應該怎麼辦，有時不提供建議，才是好建議。

實際上，很多事情大家都知道自己應該怎麼辦，若遇上心情好的時候，搞不好他自己都能勸別人，比你說得還好呢。但是反觀當他情緒不佳時，你再隨口亂說，這就叫作火上澆油，好意也會變成壞心眼。所以，當對方壓力大的時候，學會用吐槽的方法，改以互相減壓式的談話方法來解決困境，也不錯喔。

總之，婚姻就像是一個悶燒鍋，偶爾也需要減壓，才能持續增溫。

愛女力

1. 允許對方吐槽你，允許對方說一些消極的話，允許對方表達無助或憤怒的心緒。
2. 時時表達理解與支持，讓對方心結疏散，重拾歡樂。

第四章／

圓滿我人生的小星星

星兒在過去都是一直被忽視的一群，因為過去的醫療環境並未付出太多的耐心，導致這些星兒只能被冰封在自己的世界裡，為了銜接社會，讓他們走出冰封世界，讓更多人願意接受他們，所以在發掘星兒們的需求，解決或改善星兒們滿足需求的過程中，我所遇到的阻礙，肯定很多……1

透過此書，筆者希望能有更多人看見他們，即使發出的星光很微弱，但卻依然可在黑夜中閃閃發亮。而我本章節裡，想要傳達的正是希望家中也有星兒的父母親，能夠透過良好溝通來提升星兒的生活自主能力，適度地培養他們的生活技能，透過情境互動式的互動演練，與星兒們建立良好家庭關係。

1．自閉症孩童又稱「星兒」，猶如高掛天上的小星星般閃閃發亮。自閉症是一種先天性因腦部功能受損而引起的發展障礙疾病，自閉症孩子的語言表達能力、行為、智商、甚至身體表徵等方面，會因受損程度而所有差異。

4-1 沒有愛，就沒有教育！

在親子關係裡，做父母的人無論如何都應該要比孩子成熟，
遇事時也應當要扛起較多的責任。說是責任，其實那是愛！
在這個世上，有很多東西是給予他人的那一方，最後分到的往往最少，
但唯獨有一樣東西卻是給得越多，得到越多，那就是愛！

記得我有一回在演講時提到「沒有愛，就沒有教育！」，正如許多父母親一樣，我也擔心自己的教育方式會不會破壞原來和諧的親子關係！

曾在雜誌中偶爾讀到一段文字，確實很符合我的心情：「小小年紀的孩子未必分得清什麼是正當管教？什麼是虐待？而父母親對於專家所倡議的管教概念，也不見得能夠充分了解。孩子如此，父母親從媒體上所吸收到的資訊同樣也是，一不小心就會流於片面的理解

甚至誤解，也因此就容易陷入『這樣跟孩子講話不對』、『那樣做好像不尊重孩子』等自責與疑惑中……。」

在親子關係裡，做父母的無論如何都應該要比孩子成熟，對彼此的關係也要負較大的責任。世上有很多東西，給予他人時，往往是越分越少，也唯獨有一樣東西卻是越分越多，你也許會驚奇地問：「那是什麼呢？」其實那就是「愛」。

愛，不是索取，不是等價交換，而是付出，是給予，是自我犧牲。

聽到這裡大家一定很好奇？為什麼愛是付出，是給予，是自我犧牲？為什麼愛一個人得要做出犧牲呢？

其實，愛說來容易，想做並不簡單，我們不僅要能愛，而且還要善愛，要一視同仁。誠如人沒有貧富貴賤之分，孩子也沒有先天優劣之別，他們擁有同樣的熱情與被愛護的權利，我們應該用同樣的心去給予關愛。愛要以愛動其心，以嚴導其行。愛要以理解、尊重、信任為基礎。給予孩子認同感、存在感及安全感，引導我們走進孩子們的心，幫助他們成長。須明白，付出愛的結果是甜美的，但付出愛的道路肯定是艱辛的。

教育是愛的事業，與孩子一起成長

我曾為孩子不肯好好學習而大動肝火，因為他不愛學習，甚至在學習的時候逃避……，剛開始，我覺得很無可奈何，後來卻也慢慢習慣了，畢竟生氣是沒有用的，身為家長，我們要儲備足夠的耐心，方可平靜看待事情的發生，對於孩子的脫序行為才能一笑置之；我也曾在半夜因為找不到孩子而心急如焚，而原因就是因為孩子害怕學習，想要逃避，所以就在深夜偷跑出門，跑到附近的超商躲起來……，而我因為不知道他究竟會跑去哪裡？所以只能在深夜的大街上到處亂找，但這樣的方式無法解決問題，這時我除了冷靜，還能做些什麼？

我想，肯定有不少父母跟我有過同樣的經驗，如果孩子們始終不願意跟我們交代行蹤，不論你的孩子遇上的是什麼問題，在在都會讓父母親憂心及陷入恐懼中。

我曾為了幫助孩子的學習絞盡腦汁，也曾為了始終得不到孩子的理解而心酸流淚。自詡是一個很認真的媽媽，為了愛他也做了許多努力，甚至因為身心都過於疲累而猶豫消沉過，有時我會問自己，和其他家長比起來，自己是不是太辛苦了？然而只要看到孩子終於體會我的苦心，開始慢慢進步時；甚至是自己生病了，耳邊聽到孩子親切的問候，或是聽到孩子們跟朋友驕傲地談起「我的母親……」時，所有的疲累頓時消失，取而代之的是一種感動和自豪，油然而生……。

我相信只要有為人父母者，肯定都曾有跟我一樣的感受，只要孩子有一點點進步，願意對你多一點點感恩，我們往往就很開心！

我在教育界工作多年，習慣與學生們互動，也為此進修不少專業課程，執教鞭這麼多年，這些孩子們教會了我許多事，也陪伴我走過許多人生的高低潮。就讓我們在教育事業中盡一份力量，多獻一份愛，多付出一份熱情，讓我們永遠記得，有愛才有教育，因為愛才崇高，無私地愛，才是教育的魂！

（1）用「愛心」去溫暖孩子。

如果孩子是一朵含苞待放的花蕾，父母的職責就是讓他們能在溫暖的陽光下絢麗綻放。身為一名家長，我特別能夠理解孩子的調皮貪玩，即使孩子情緒失控，我也從未放棄他們，任憑他們在發洩情緒後，再給予適度的關愛與體諒。因為我相信，只有這樣才能讓孩子們願意敞開心胸認同你，並且願意且快樂地融入學校甚至社會這個大家庭中，你的苦心才不枉費。

（2）用「耐心」去感化孩子。

家長必須有耐心，這是基於教育的長期性與反覆性而來的。孩子生活知識的積累、能力的培養與品德的形成都不是一朝一夕，一蹴而就。必須透過反覆地訓練與實踐才能成功。孩子的進步猶如蝸牛行走般緩慢，而且很容易今天變好但明天又變差了，如此反反覆覆，難以鞏固。

所以，我們更需要堅持正面教育，循循善誘，耐心地給予孩子思想轉換的空間，最大限度地提升他們對吸收新知的積極度。

孩子們尤其渴望得到讚賞和認同，當他們獲得家長稱讚時，除了感到開心，更能促進他們建立自信心。孩子身上的每個閃光點，哪怕是十分微小的，只要他們有了點滴進步，記得要及時予以肯定表揚，讓其產生「成就感」，培養自信心。

（3）用「真心」去打動孩子。

用真心去感動孩子，真心誠意是打動人最有效的手段，家長對孩子真誠無私的愛，實則具有巨大的感召力。只有真心對待孩子，才能引起他們內心的強烈共鳴，達到親子間的互信，願意把父母親當作知心朋友，敞開心扉，傾訴心聲。而家長這時才能及時瞭解孩子的內心世界，及時給予指導和幫助，讓他們得以健康成長。

（4）用「身教」去引導孩子。

時時注意自己的言行，以良好的形象做好表率，在潛移默化中用自己的榜樣對孩子進行身教，引導孩子養成良好習慣，提升道德品質。請記得，平日要求孩子做到的事情，大人們也務必要能夠做到，充分展現父母親在各方面的素質，用實際行動來取得孩子們情感上的認可，也就是讓他們心服口服。

溝通是星星兒普遍會遇到的困難，因生理結構、認知、過去的經驗或成長環境等，無法使用現有方式表達適當溝通，造成人際互動的困境。我們看到了星兒們的人際互動、一步步走出窠臼，讓星兒們開始懂得與外界溝通，讓更多家庭中有這樣孩子的父母，可以學習跟進而得到社會的關注與鼓勵，我們可以看到一位星兒的成長，從冰封世界走出來，一路走來我背負著照護孩子的辛苦，深刻明白無效的溝通所造成的傷害，也讓我更加理解親子溝通及人際培養的重要性。

愛是成功教育的原動力，親子教育的靈魂。為人父母者本該熱愛、關心、善待孩子，並以尊重和真誠的心去敲開孩子的心門。

愛女力

教育星兒與一般孩子都一樣，請記得用愛來破冰，才能建立和諧的親子關係，在世代不同的教育中，學會傾聽孩子們的聲音，才能有效的雙向溝通。

須知微弱的聲音，美好的天使們，總是我們人生道路上，最美的風景。

4-2 水可載舟，亦可覆舟！漫談人際關係……

・人與人之間的關係。
・人與物之間，人與事物之間的關係。
・事物與事物之間的關係。

自從阿德勒的作品《被討厭的勇氣》熱銷後，社會大眾開始正視生活中伴隨不同困境而來的挫折，大家開始了解這多半來自複雜的人際關係，遇到時不懂得如何處理所導致。我們有時會比較鄉愿地自我安慰，人際關係較好的一群，往往是因著好運氣或貴人提攜而來，孰不知反過來說，這種好運有時也可能讓生活中的挫折感加深，因為一但事與願違，你怎麼辦？

人是無法離群索居的，所以

即使你再怎麼討厭與人群接觸，也只能先調整心態，適度地與他人相處過生活。很多人常到了四、五十歲之後，依舊無法處理好自己的人際關係，深陷在這裡而無法解脫！且不說比較外圍的朋友，圍繞在每個人身邊的其實就有很多面向，包括父母、伴侶及其他親朋好友等皆算人際關係裡的一環，而建立這種與自己以外的他人互動，其實就是人際關係。它代表著你在社會中並非是孤立無援的，這種關係的存在，這是各種關係發生作用後必然的結果。

若你問我，我所理解的人際關係是什麼？我會告訴你，人際關係是每個人正式透過和別人互動發生作用，進而發展並實現自我價值的過程及結果。

每個人慢慢長大後，開始在各種關係中融入情感，也就是常講的人情事故，但總歸一句話，人際關係反映出個人或群體尋求滿足及被社會需要的某種心理狀態。如果人際關係處理失當，通常會顯得自己似乎毫無價值，是吧！如果你的人生欠缺價值感，那還能算是幸福美滿嗎？所以，大家都習慣用人際關係來檢驗自己的社會心理狀態是否健康？也藉此判斷自己是否知交滿天下……。

再者，人際關係也是檢測自己的社會心理是否健康的好方法，家庭也罷，職場也好，都是你我回頭審視的絕佳場域。就好比很多不健康的親子關係，會讓家人感到窒息，就像直升機爸媽們一樣，隨時監控著孩子……，畢竟好的人際關係或互動，才是正常生活的良好助力，而非阻力。例如我們常在工作中遇到困難，像是遇到難相處的員工與主管，上班變得不開心；或是婆媳關係欠佳，也會造成家庭不和諧，想要解決這些困境，就要靠智慧，例如分享愛就是一種最有力的模式，我們會因此產生智慧，懂得面對不同關係，給予同理心與慈悲心的感受，才不會因為一些雞毛蒜皮的小事就跟自己或對方過不去，人際關係一團亂。

在新冠病毒的疫情開始流行時，我在大陸的生意遭受不小的影響，投入許多資本卻無法贖回，我為此花了不少時間在跟合作方溝通，希望大家共體時艱……，但這是很大的挑戰，因為若只有單方面想溝通，另一方卻不願意理解，這樣不就無法了解對方的需求，走入對方的內心世界！而在這樣的狀況下，我們應該怎麼做？

‧對方有情緒問題。

‧對方不理解事情的來龍去脈。

‧對方妄自猜測，不敢詢問。

‧雙方都未意識到出現溝通障礙。

如果可先釐清以上四點，才能回到直話直說的相處模式，也就是建立起溝通的橋樑與信任感。

方法對了，關係自然好

再者，孩子呢，在孩子這個環節當中，你有沒有困境和挑戰？就像當時我請家人幫忙照顧大兒子翰翰，小時候還沒有發現他是星兒，大家都跟我說他是「大隻雞晚啼」，然而我知道自己一路走來，確實花了很多時間在練習跟他搭建溝通橋樑。

與孩子的對話，有時是講不清的，因為我們想要走進他的世界，但他封閉了、他不讓你走進來；然後，我們又因此特別想瞭解他到底缺什麼？需要我們提供何種的支援？可惜，我們每次的支持都恰好朝著反方向走，苦心經營卻沒有成果。就好比我跟翰翰為了某件事溝通不良，我希望他理解自己的苦心，但他就是不懂，只是生氣，讓我真的很傷心！我也曾看到朋友的親子互動與我一樣，狀況頻頻，雙方就是很難彼此理解，無法跟孩子產生真實且深刻的連結，這就是我們常在親子關係上遭遇的困難和挑戰。

至於如何建立正向而有條理的橋樑？

我的建議是，家裡的小孩若總是為反對而反對，我會這麼做，例如別給孩子是非題，例如要不要吃菠菜？天氣冷了加件外套好不好？我反而會給他選擇題，像是你要吃菠菜還是高麗菜？想穿這件還是那件外套？……改用諸如此類的溝通，而且效果還不錯喔。

只是方法畢竟有限，多人請教我為什麼跟翰翰的親子關係會這麼緊密，其實沒有別的訣竅，就是用對方法走進他的內心，變成他的依靠，才能讓他敞開心門；與人相處唯有知道他的需求，給予真正的心靈支持而非物質，才有機會脫困。

愛女力

在做親子溝通時，讓孩子過早或過晚離開自己的小世界都不太好，建議每日採用固定的規律溝通模式及時間，及早搭建互信的橋樑，而這個方法運用在人際關係上，也可有效減少摩擦。

4-3 耐心與正面管教的重要

使用正向觀念帶大的孩子，修復能力和情商都會更好。
須知無條件的愛，才是一個家庭幸福美滿的重要基石。

曾有一天，我帶著翰翰去立法院參加華人女性創業協會的演講，我在會場上與大家分享自己帶著翰翰到國外演講的過程……，結果說著說著，翰翰忽然生氣了，我雖吃驚但馬上聯想到，然後即刻就跟翰翰說：「對不起，是不是媽媽沒有提早跟你說，演講內容會提到你的案例？」

他點點頭，然後說：「媽媽，我原諒您。」

在我們的生命教育中，從未學過父母親如何跟孩子道歉，因為大家總覺得自己高高在上，孰不知在正面管教上，我們應該學會使用承認錯誤、表達友善，最後與孩子和解。

我之所以分享這個例子，其實是告訴讀者，每個家長不論有多愛自己的孩子，難免也會犯錯，這時你要懂得使用適時的道歉來幫助孩子學習道歉，而當孩子學會這個方法，日後在你的家庭互動裡，肯定會出現特別多修復感情的機會。

十四天修復理論

一起來分享一些我曾試過，超級有效的道歉方法。阿德勒有一個特別有意思的理論叫做「十四天修復理論」。話說有一個人表示自己罹患抑鬱症，跑來找阿德勒求救，而阿德勒因為是心理學家，所以他便說：「只須十四天，我就能幫助你治好憂鬱症。」

然後，這個病人回應：「什麼事？怎麼做？你有方法嗎？」

阿德勒說：「我建議你每天都為別人無償地做一件事。」其實這就是咱們中國人最常講的日行一善，你只要堅持十四天，不管是誰，為其他人去做一件好事且不求回報，十四天下來，憂鬱症自然消失無蹤。

但這個患者還是很計較，直說著：「別人都不為我做，我為什麼要為別人做？」這其實就是因為過於執著，才會一直不開心。

後來，阿德勒乾脆告訴他：「那你可能應該要二十一天才行吧！」這是我常在課堂上說的笑話，這世上確實有很多人就是愛計較，因此增加了不少的心理負擔，孰不知你若真的去嘗試為別人多做一些事情，你真的會覺得特別愉快。比方說開車時發現行人要過馬路，你得緊急踩剎車……，這對某些人來說會覺得很痛苦，因為自己可能受到驚嚇，甚至因此狂按喇叭，催促行人快快通過。但你下次不妨試試，其實不用按喇叭催促他，你只須刻意踩著剎車，透過車窗示意對方快點過馬路，你會開心許多，搞不好當天心情會因此更好。包括在捷運上讓座，也是會讓人覺得充滿正向能量的事！曾有心理學家專門做這樣的測試，讓一些人在捷運上進行不讓座與讓座的心理對照，結果發現：讓座的人，心理狀態比不讓座的人，輕鬆許多。原因在於，不願讓座的那個人下車以後，會覺得心好累，因為他完全沒有社會價值感。所以，培養孩子具有社會感價值感，也是讓他心理狀態更穩定的好方法。

樹立愛的安全網

要跟孩子建立感情，要對他表達你對他的欣賞，要更加關注他的優點並且表揚他，讓他知道爸爸媽媽對他的愛是無條件的，這是最基本的一點。所以待會兒我就不一個一個講了，因為每個方法都有這個最基礎的方法。

對於尋求過度關注的孩子，你可以嘗試給予一些確定的任務，讓他去完成。這時候，他便不會在你身上尋求過度的關注，他會轉而去關注任務本身，解任務後，他也會因此萌生成就感。

此外就是，跟孩子創造一些特別時光，什麼叫特別時光？比如說和他們約定每週有一個小時是媽媽和你在一起的特別時光。在這一小時裡，誰都不能打擾你們，單純就是媽媽陪你玩，這會讓孩子感覺特別好。孩子會覺得自己得到媽媽充分的關注，這便是獨特時光的作用，跟孩子建立一個每週一次的獨特時光，這是非常值得投資的時間管理，你會非常開心。

翰翰跟我一起參加演講跟籌備拍攝微電影的時候，因為我經常會帶他去看各式各樣他目前尚不明白的新事物，並且隨時為他做講解。翰翰問我說：「媽媽，你覺得我這樣跟阿姨講話好嗎？有進步嗎？」這時候我有感受他正在吸收新知跟獲得肯定的喜悅感！

朋友有時候會問我：「你們都這樣亂晃，不給他進學校有系統學習，沒有關係嗎？」我其實認為這樣的相處很有意義，這就是獨特的歡樂時光，是我們倆在一起，屬於我們倆的特別時光。雖然他是個特殊的孩子，卻也跟一般孩子同樣需要營造這樣的特別時光！而這樣的模式一旦啟動，孩子也就不需要我們天天去營造關注他的相處模式，像我有時因為工作需要，必須從翰翰身邊消失一陣子，那麼我就會跟他說：「媽媽要出差工作去了，翰翰請跟我說再見！」然後我就走了。陪他玩一會兒，然後去工作，他也不會來打擾我要求關注，因為他心中很確定知道媽媽是非常關注他的，而他心中有了這個確定的答案，哪還需要不斷地找我證明？而這就是父母親與孩子間的安全感。所以，我跟翰翰可以完全相安無事地一塊工作，例如我在研讀資料或寫書，他便在一旁寫功課，和樂融融。

此外，我建議大家可以設計一些你與孩子的暗號，增加一些生活樂趣，比方說我會建議孩子們：「要不要來去探險啊」，而這就是暗號。這種暗號會讓孩子產生某種親密感，甚至有些父母會說，只要我做了某個動作就代表我愛你，而這就是暗號，就是表達關愛的方式。

賞罰分明，建立負責任的慣性

正所謂賞罰分明，鼓勵跟愛說完了，再聊的就是懲罰囉，我會建議父母親要確定自己的行為，並以此規定孩子的行為！什麼意思？其實這就是底限！你要清楚告訴孩子，你的原則和底限在哪裡？例如規範他要去整理自己的房間，如果他不做到，媽媽今天就不煮飯，咱們就只能吃剩飯，這就是原則。再者，如果你確定了某個行為，那你就要把這個行為告訴他並且拿來執行，讓孩子跟你一起面對。如果不能夠達成共識，那結果不是懲罰，是阿德勒提出的「自然後果」。這是孩子因某種行為而產生的後果，比如因為貪玩而忍著尿意，最後尿濕褲子……，父母親這時要做的不是責罵而是請孩子跟你一起擦地板和洗褲子。小孩剛開始可能會覺得很好玩，但你必須堅定執行這樣的舉動，每次都要求他一起負責承擔後果，幾次之後，他就會知道這並不好玩，進而學習收斂甚至改變！

此外，我會讓孩子們佈置自己的暫停區，比方說，孩子會在這裡設計一個棕櫚樹，表示自己有必要時會在那個地方暫停一下，例如說：「媽媽，我想去棕櫚樹下待一會兒……」，或是有些孩子會把那個地方佈置成玩具間或讀書區等等。我還曾見過一個特別有趣的案例是，一個處在青春期的孩子，總是會在班上暴躁發脾氣，很難控制自己的情緒。然後呢？怎麼辦？我建議師長們開始正面引導他：「寶貝，我理解你剛才真的很生氣，我能夠感受到你的憤怒是發自內心的。我們有沒有什麼辦法能夠解決問題？因為你剛才真的嚇到同學了。」

結果，經過一番討論，孩子先是生氣然後情緒稍稍穩定下來。老師緊接著問他：「你還在生氣嗎？要不要離開教室出去走一走？」他同意，然後走到教室外面去晃了一圈，一開始時，我發現這個孩子走路步伐很快，幾乎是半跑步的，這其實很正常，因為他當下可能還有情緒；過了不久後，我看他開始放緩腳步，發現我在關注他時，甚至還會靦腆地微笑一下，然後，等他終於回到教室時，我問他：「寶貝，歡迎你回來。」一切回覆正常！

課後，我特地找他再來談談今天為什麼會生氣？氣消之後有什麼感覺？而這樣的模式，執行了好一段時間！後來，我慢慢發現這個孩子必須跑到教室外面冷靜一下的頻率越來越低，而這個必須走出去冷靜一下的過程就是一個積極的暫停過程。

積極的暫停是為了解決問題，並非懲罰，不是叫孩子閉嘴別亂動，而是找尋另一種方式，另一個空間，讓大家可以冷靜下來。

解決問題，就從引導啟發式開始

而當下解決情緒了，接下來就是解決問題本身，我與大家分享一個工具叫作「啟發式問題」。比如說「你剛剛做這件事的時候，心裡是怎麼想的，你覺得我們怎麼樣才算是把事情更好地解決了？」或是「要照顧到大家的情緒，你有什麼更好的想法和建議？」

在運用「啟發式問題」的這個環節上，請儘量少用「為什麼」這個問句，原因是這個名詞很容易讓對方誤解你在譴責他，例如在當下問他：「你為什麼剛剛發脾氣啊？」這種帶有責罵意味的口吻，很容易讓對方感受到譴責，務必小心。而更多的啟發式問題是發自內心的，我比較習慣說：「我很想了解這件事！」啟發式問題的核心技巧是，發自內心地想提問，幫助孩子開闊視野，讓孩子知道每件事其實有更多方案可選擇。

還有一種讓孩子願意聊天跟改善態度的工具就是鼓勵和讚揚，也就是表揚「他說了」這件事情，這真的很重要！很多心理學家曾做測試，假設有兩組小孩完成拼圖，你向其中一組小孩說出「你真聰明」，這叫作讚揚。而你再對另一組說「你們真是有探索精神，你們真棒……」大家試想，哪種效果比較好？測試結果是，被表揚「你真聰明」的孩子在接下來的遊戲中，竟然選擇更簡單的拼圖去執行；而被表揚具有「探索精神」的孩子則是選擇了難度更高的拼圖。簡單一句話，竟能夠讓孩子的行為產生這樣大的反差，說話有多重要，可想而知。

另外一種就是塑造孩子良好行為，建議大家要更加肯定並了解他在選擇時的動機和過程，而非簡單肯定結果。因為若你簡單肯定他的結果時，孩子不知道自己哪裡做對或做錯了，那麼他便無法繼續養成這個習慣。反觀若你能肯定他的過程和動機，他就知道自己下次若繼續保持這種方式去探索，那麼做對事情的機率將更高。這也是我從《正面管教》書中學到的一個很重要的手段，這都是可以用來解決孩子行為失當的方法。

當我與孩子一起成長的過程中，我覺得有幾個重點需要與大家分享：第一個是一定要學會把錯誤當作學習的機會，孩子從小到大難免會犯錯。每次犯錯都是機會，除了激化親子的互動關係，也能讓孩子從中學習經驗，不經一事不長一智，絕對是利大於弊；第二就是強調你永遠支持他們，態度堅定且語調溫和，不論碰到什麼問題你都會接納他，他都是你的寶貝，而有了這個承諾當做前提，你即使遇到再棘手的問題，一樣能夠迎刃而解，畢竟無條件的愛與付出，正是一個家庭幸福美滿的基礎。

通過這樣的方法，孩子能培養出獨立完整的自尊體系，我在閱讀《正面管教》一書中[1]，真正學習到怎麼讓孩子完成獨立完整的自尊體系。要讓孩子意識到每件事情發生其實都很正常，當我們有著獨立完整的自尊體系時，我們自己會選擇如何解決問題，並對身邊周遭的人抱著足夠的愛心，讓大家的日子都能過得更為開心！

愛女力

過去的教育經驗中，多數父母親都重視權威以及要求孩子聽話，卻忽略孩子的心靈；父母過度壓抑教養的結果，就是讓孩子無法產生獨立完整的自尊，導致在未來人際關係處理上，傾向以生悶氣或不願面對挑戰來因應。

1．作者爲美國教育學家—簡．尼爾森（Jane Nelsen），中國計量出版社出版，2016.07.01。

4-4 後疫情時代，如何減少疏離與冷漠

人的情緒會隨著網路發達而變得冷漠，所以，
面對很多疏離感跟網路溝通，以愛為本的團隊動力，
才是從根本做起的改變。

我們的心就像是一個底片，容易搜尋過去的經驗，進而產生情緒，接著就會有很多自動播放的小劇場開始播映……這也算是後疫情時代的創傷症候群吧！

道理人人都懂，但真要學會愛？這可不容易啊。畢竟好歹在網路上見不到面，真正碰面又被拒絕，那可怎麼辦才好？所以，下定決心還不夠，你還要擁有勇氣，而有勇氣還不行，還得有力量，三者缺一不可，這樣才能達到真正的改變。

如果我們不進辦公室，我們都沒

有看到彼此，我們要如何從生活習慣當中去改善人際關係？畢竟人是不可能離群索居的，所以人與人住在一起，難免會有摩擦，也需要與人共同生活，那麼我們就要了解別人的生活及工作習慣等等。比如說，翰翰每頓飯吃完了都保持認真刷牙三分鐘以上的習慣，他也因此從來沒有蛀牙！但我卻因為沒有這個習慣，所以翰翰一直希望我改變，然後我們因為這件事情曾經產生隔閡，導致親子關係受到影響。但是因為我知道翰翰出於愛我，才希望我改變這個壞習慣，所以我跟他說：「我知道你做這個習慣很有效，但是我試過了卻還是不太習慣，那你還是愛我嗎？」

翰翰聽完回答我：「媽媽，我還是愛您，但我還是覺得，改變這個習慣會對您很有幫助的！」

再者，延伸到工作上，同事跟我說：「欣妍，希望妳可以調整回覆訊息的速度跟習慣，可以嗎？」我考慮之後，告知他們我會折衷處理消化留言回覆的時間跟效率，如果對方不是急著要知道我的回覆，我會使用手機訊息回覆的方式來因應，一段時間後再看手機訊息上的留言也行，這樣一來大家就有共識了，也可建立更好的工作模式與關係。

從生活習慣中，試著保有自我

其實，很多人都不想要太複雜的人際關係，畢竟大家都怕得罪人，也有不好意思拒絕的事情，但如果是養成某種生活習慣，大家反而可以適應「自我時間」，例如每天保持兩小時的健身，請問好還是不好？足足兩個小時，不看手機也不偷懶，就是給自己兩小時時間去做健康的事情，你說好還是不好？當然好。我告訴你，如果每天能堅持兩小時做體能鍛鍊的人，無論他做什麼，都會比同齡的人容易成功，因為他能持續，這就是關鍵。

再來是培養興趣與擴大知識圈，規定自己每天早上5點鐘起床，堅持兩小時的晨讀，你覺得好還是不好？他所有的知識智慧都在這兩小時內無限放大，當他讀完書後，整個人不只是充滿能量與智慧，這樣的舉動同時更會影響他整個生活型態，起居飲食或許照舊，但每天就是精神飽滿地出門，順利完成一天的工作或日常。想想就覺得很棒，是不是？

正所謂「吾日三省吾身」，每件事情完成之後，你是否願意去檢視結果，自己的言行舉止跟是非判斷是不是都合乎規律和法則，這個動作，就是把檢視當為生活態度。

你知道嗎？這樣的人好少喔，可說是鳳毛麟角，這種人走到哪裡都會深獲信任，任誰都願意跟你做朋友，與你共事，同事們也都會因為有你這樣的夥伴而慶幸，你也會覺得自己非常有價值，因為在這樣的時代，建立信任感是最重要的一種習慣，既可從根源上改善人際關係，也能確保自己的言行舉止都會合乎常軌與法則。畢竟人與人的關係中若欠缺足夠的信任感，便無法撐起安全的共事關係，這就是我建議大家要時時「檢視」的原因。

我們今天把這個檢審的標準擴大出去：只要跟每個人的關係在互動結束時，馬上使用這個檢視規則，大家就可即時發現問題然後修補，最後自然就可獲得和平了。

只要關係變得良好親密，彼此就會懂得互相欣賞，進而產生相互依賴、支持的模式，心情自然變得愉悅。無論哪種關係，這就是最終目的，也就是規則。如果在每段關係、每次互動結束時，你都能試著去檢視一番的話，那麼你就會一直處在一個有力量、健康、平衡的層面中。在這裡，你會呈現出具備智慧、尊嚴、流動著健康，氣場極佳的狀態。好的關係肯定是要有好的情緒、意念及行為來幫褪，這就是幸福美好。人的一生總是會有跌宕起伏的事情發生，總是會有痛苦迴圈不斷地交替出現。須明白這是你我的必修課，你一定要跨過這個總覺得邁不過去的坎，畢竟一旦走過去了，那就是你的人生高度與視野，更上一層樓的開始。

愛女力

沒有誰能夠一輩子無風無雨地度過，順風順水的好運道，我從未想過……。

第五章 /

強化你的能量場

擁有財富自由之後，大家最想再獲得什麼？幸福圓滿的人生，如何定義？

我的前半生，有幸認識不少優秀的女性創業家，其中不乏學識淵博的學者，在這些前輩的提點下，我發現人生唯有加強個人的能量場，才有機會獲得圓滿。

唯有身心愉悅的情況下，各方面的阻力才會變小，助力增加了，就像車子加滿油，這油就是我們身體的能量，當身體容納越多的愛與關懷時，一起邁向成功的意願就越強，這就是正能量，更是分享的可貴之處！

5-1 身心靈平衡VS.迷信

我們的身體本就是大自然的一部分，當身體接觸太多的3C產品，
即便磁場已在不知不覺間被迫改變，我們也不知道⋯⋯。
所以，當透過科學儀器發現，人們可以透過靜坐冥想甚至大笑來改變
身體的磁場跟能量，身心靈能量場之說，開始出現！
而說穿了，追求所謂的身心靈平衡，還真的跟迷信毫無關係！

我個人十分推崇透過靜坐冥想來追求身心靈的平衡與寧靜，原因是當我心情浮動時，情緒若始終無法回到平衡，那麼，只要透過靜坐冥想，調整呼吸的禪定，我便可以徹底放鬆，獲得休息。此外像是簡單的瑜珈體操，也可以幫助我們疲於運作的腦袋，回復平靜的狀態，因為這對我來說頗有成效，所以也一併推薦給大家。

人想要成長，便需要探索很多的領域，大腦潛能無限大，我

們每天都在浩瀚的知識大海中探索，除了感性的體會，更有理性的邏輯區塊需要了解，也因此，常會陷入邏輯思考的迴圈當中，就如我自己經常在思考的「每天要探索的事情那麼多，是什麼原因讓我陷入這樣的狀況中？」此外，對於生命及能量的探索，更是激化了我的好奇心，我曾經每日不間斷地找算命師傅算命，甚至連身體疲累了也忘記要休息……，直到後來方才明白，原來大腦學習雖不是身體勞動，但燒腦工作也會耗損能量，讓身體處於疲乏的狀態。唯有定期接觸青山綠水，才能平衡身體裡的電離子，只要身體的磁場變好，好運自然就不遠了。

生命就是充滿快樂

簡單來說，大家常講的正能量跟負能量，就是我們大腦裡的一體兩面，雙方都在接受信息，並傳達到身體各部分，進而產生不同的感受。例如聽到某種聲音，身體自然會辨識出當下該做什麼反應？比如說孩子小時候若尚無法認識情緒，他通常會覺得大人擺出笑臉就是喜歡跟開心，所以他們就會一直期待看到笑臉，只要有一天，他發現出現笑臉反而讓人看到就難過，他自然會對笑臉有了不同的解讀。但是因為我們隨著年歲增長，人生經驗變多，還是希望可以接受帶有積極、樂觀等能量的想法與情緒，方才不會胡思亂想，而這就是我們所謂的正能量，引導我們擁有更好的能量場。

譬如想要擁有美滿的婚姻，那當然也要多學習別人如何經營婚姻的智慧，長此以往便可在婚姻中出現很強的能量，因為你在做的都是對經營婚姻有幫助的事情。就像一個很會使用理財工具的人，他可能沒有吃過虧，也常透過理財工具獲得回饋，所以我們就會誇獎他：「財富能量很強」。簡而言之，如果我們常常鼓勵旁人，讓人從中得到信心，自然就會散發出自信光采，能量也就慢慢累積起來；相反地，若每次都是批評多過鼓勵，變得越來越沒有自信，看人的眼神總會飄忽，更會懷疑自己的言行舉止，這就屬於「負能量」較多的狀態。

當你做一件很快樂的事情時，生命就會瞬間創造出很多價值，讓你的信念或精神狀態甚至身體等種種潛意識和潛能瞬間爆發。而此時若有許多擁有共同信念的人聚在一起，有討論有共鳴，自然也就容易成事。這就像是我常說的：「真正熱愛賺錢的人，總能教會更多人跟他一起賺錢，創造局勢。」

雖說金錢不是萬能的，但有錢的時候懂得跟家人分享，讓大家都開心，這樣一來，有錢這件事情就會變得開心，因為會有人陪著你甚至幫你開心！所以，想要擁有一個幸福的家庭，除了夫妻恩愛，還要有一起旅遊、享受美食的家人，這就是一種能量的流通，幸福跟快樂的傳遞。

當我們懂得這些簡單的道理，就能理解當有智慧的大師在向眾人傳道時，單憑一句語便可影響成千上萬個認同他的人，大家都因為這句話而開心，這種能量是相當驚人的：因為有成千上萬個人都認同，能量自然變大，在這份認同與能量的相輔相成之下，你自然就會越來越有自信了。

愛女力

宇宙平衡定律，多做多得，少做多失，心量有多大，福氣也就有多大；能量有多大，在於自己的心靈存款夠不夠，不妨時時檢視自己的行為動機，是否純粹為了幫助人而做？

5-2 一沙一世界，一花一天堂

肚子餓了有一碗熱湯喝，口渴了能喝上一杯水，
累了可以躺下休息……諸如此類，這其實就是一種幸福，
簡言之就是一種感覺或某種狀態，
但或許就是因為每個人對它的定義都不同，甚至不願滿足於這種小確幸之中，故而許多人終其一生，永遠都在追尋幸福之道……

我曾在很多地方演講時問台下聽眾：「如果現在你覺得自己很富足，那你還想要什麼？」大家聽完後往往不好意思大聲回答，總是怯怯地說：「我們很知足了。」但是，除了自己滿足了，我們也想要身邊的人幸福，不是嗎？

所以，我在此改問大家：「你想要幸福嘛？」畢竟不管哪朝哪代，大家對這兩個字始終不厭其煩，畢竟追求幸福是我們終身不倦的任務與財富。」

有人說幸福是一種感覺。比如天熱了有水喝，肚子餓了有飯吃，累了可以睡覺休息……，但不論怎麼說，還是說不清楚，因為感受不到甚至抓不住自己是否有掌握幸福的能力，所以有些人擁有大房子卻還是覺得自己不幸福，有些人每天吃山珍海味，但還是覺得不幸福，所以，幸福變成現代人提升生命層次的顯學，覺得只要長時間掌握了幸福感，這就是巨大的財富。幸福之不易，由此可見……。

人們為什麼會不開心？

人與人之間的關係走到最後，常會出現某一方陷入絕望或期待過高的時候，這時候，大家就會開始找原因跟遷怒，甚至怪罪問題都是別人造成的，若是家庭問題，就會怪罪另一半，覺得自己這輩子就毀在這個人手上。其實，關係一旦破滅了，怎麼穿越障礙，找到解方？畢竟，有非常多的高牆聳立在我們的周圍，怎麼樣去穿牆，這是一門學問，而我有一個穿牆的原則，可供大家參考。

首先，想解決問題，你必須先跳脫問題的舊框架，許多人一遇到問題就怪罪旁人，須知若大家只困在原來的問題框架內討論，那是不可能有進展的，我通常會建議他們，要想知道自己的問題在哪裡，請先擺脫舊框架。

第二則是，所有的問題其實都是經過偽裝的禮物和寶貴經驗，當大家認真解決了一個問題時，請先別高興，反而要問問自己，你是否有因此獲得滿足或快樂，否則你只是解決問題而已。而當你有了這層認知後，你的人生才會往幸福的路上再進步，獲得了一套全新的禮物和寶貴經驗。

第三個原則是，大家所看到的每件事，其實都是內心世界的投射，而每個人都必須有能力，為自己生活中遇到的事情負責任，當然，不見得每段關係都跟自己有關。如果對一切人事物都沒有附加條件，也不想改造對方甚至抱著極高的期望，他快樂，你也快樂，因為你的一切東西都是靠自己的，那麼這才是自給自足的平衡狀態。

我有一個學員曾經試過，跟老婆為了一件日常小事起爭執，然後開始冷戰甚至分房睡，兩個人僵持了好幾天之後，他突然生出一種想法，他覺得，自己是愛老婆的人，他這麼做，老婆心裡會有多難過？如果自己愛老婆，那又何必這般要強？也就因此，他頓時就把惹他生氣的問題放一邊，反而開始去想，假如我現在是愛老婆的，那麼我應該為老婆做點什麼？

大家總是習慣把問題丟給別人，甚至怪罪別人才是始作俑者，而不是先反省自己。如果我們想要愛，想著自己是愛著對方的，例如她特別喜歡吃我做的飯，那我就立刻就去做飯給她吃，甚至挑最拿手的那幾道菜來示愛。而老婆若是愛我，那她看到我這麼做，她應該也會願意釋懷，表示歉意，兩人瞬間就誤會冰釋了……，這種就是獲得啟發的感受。

我曾上過情緒調節減壓課程，課程中提及焦慮是來自我們對「無常」的抗拒。而無常是什麼？其實它泛指的就是各種事情的發生。若你始終總是抗拒一切事情的發生，你將會發現自己總是很焦慮。但反觀若你接受這些有可能發生在生活中的事情並允許它發生，那麼你將會發現，自己其實便可依據心靈的本質去做事。

幸福的特徵是什麼？如何才能追上？

現代人的婚姻經營不易，為了生存，大家多半會為了彌補需求的不足而去找補償，所以一旦發生爭執，我們丟給對方的壓力和負擔往往就特別大。加上堅持執念，因而讓改造變得更加困難，長此以往，關係自然越變越糟。

而累積了過多的失望、爭鬥與報復，我們的心靈就會變得像個牢籠一樣。而實際上你若能夠真的認識到，回歸內心初衷才是解決一切問題的根本，這樣一來，你自然會願意放寬心去接受一切，不論公平與否，你都能因此重拾快樂與幸福感。畢竟需求不用外求，更非從對方身上找尋，只要自己心中充滿愛，自然而然就容易感覺到幸福了。

我曾經看過一些學員，人都走出家門了，卻總是動不動就說：「怎麼辦，等等會不會趕不上車？」、「怎麼辦，下星期會不會下雨？」從未試著去享受當下，總是處在煩悶憂心的狀態。所以，為了讓大家可以降低煩憂，增加幸福感，我們要開始學習建立秩序，在此提供四個方向讓大家參考：

（1）勇氣。

我個人喜歡直白、大方且願意無私分享的風格，我有一位朋友，她是一個沒有生活技能的中年婦女，因為第三者的介入，她被迫離婚，大家似乎都在等著看她的笑話。而她在經過一段時間的陣痛後，覺得自己必須接受現實，於是報名參加一個心靈舒壓課程，也勤上健身房，重拾美好體態。經過一段時間的提升，她在健身房結識了文質彬彬且家底深厚的新對象，據說是一位大學教授。交往一陣子之後，對方跟她求婚，她考慮之後，決定再給自己一次機會，與對方共度此生。這其實就是面對可能再次擁有的幸福，你敢提起勇氣去接受，畢竟人生各階段都有可能會面臨磨難，須知苦難並不可怕，可怕的是你因此失去勇氣。

（2）努力。

努力是一種能力，它需要具備堅持下去的勇氣與耐性，因為努力或許會讓你被迫放棄安逸的狀況、環境甚至是一些生活中的小確幸，但只要跨過這個過程，你便能獲得更大的回饋。曾有人說「努力是不甘寂寞的野心」，懂得努力就是一種超能力，才能感受到超越自己跟超越他人的快感，擁抱幸福。」誠如已故作家李敖曾說過的：「怕吃苦，吃苦一輩子；不怕吃苦，就吃苦半輩子。」畢竟天才不常見，多數人都是越努力越幸運的一群。

（3）值得擁有。

有時我們會發現，因著原生家庭的關係，我們會少了許多賺錢的機會，例如我就是一個在菜市場長大的孩子，我的父母親總是習慣跟我說：「我們沒有錢，不要想太多。」或是「我們買不起，妳別跟我要。」……這樣對於需求的打壓，會讓我們誤以為自己不值得擁有更好的生活，久而久之，妳的整個人生就是往下沉淪，無力回天！在此我要鼓勵大家，務必重新整理自己的思維，讓自己擁有正向的價值觀，相信自己能夠擁有更美好的生活。

（4）將日子過成一首詩。

人人都愛賺錢，卻又不懂得品味生活，雖然生活無虞，卻還是過得苦哈哈的，活像個苦行僧一樣。筆者奉勸大家，財富是否自由都無礙，但記得要把日子過成一首詩，懂得放慢腳步，欣賞路過的風景，品嚐好吃的美食，讓自己懂得體悟生活中的美好，正所謂「一沙一世界，一花一天堂」就是如此。

當心靈獲得平靜，也願意放慢生活步調，自然而然地，一旦遭遇各種瑣事，你自然會有智慧去處理與看待，做事懂得瞻前顧後，事事圓滿，自然也就少得罪人，在能力跟看事情的角度也會大幅提升，所以，唯有先讓自己的心幸福起來，那麼不管是家庭或工作，自然也就會跟著圓滿了。

欣妍受邀到立法院演說，現場反應熱烈，迴響甚大。

愛女力

越是匆忙的人越應放慢腳步，追求金錢的同時要懂得品味人生。

不論擁有多大的財富，一切遠遠不及當下的快樂及滿足，試著讓自己變成一個幸福的人，這樣好運自然跟著來。

5-3 先滿足自己，再滿足他人

回顧庚子年的紛擾，天災人禍讓大家無法真心微笑，
就算笑，也是戴著口罩……，旁人根本看不到……！
而大家都在憂心環境的改變，也或許是過度憂心了，所以食之無味，
口慾無法獲得滿足，進而難以掌控情緒……
身為一個企業家，我最重視的就是情緒，
唯有保持好的情緒，才能讓自己享受工作並樂在其中。

其實為了讓寶貝兒子翰翰可以更融入人群中，也順勢改善他的學習能力跟人際關係，所以我試著找到一個方法，那就是「顏色的魔力」，藉此提升情商。

大家或許不太懂，其實這就是大量使用具備療癒感的粉色系，以及有助於提升個人能量的黃色，來讓大家的情緒更穩定。我以前並不太理解色彩學對於視網膜的效果跟影響力，只憑直覺挑選適合自己膚

色穿搭的色系，從未知道色彩與能量兩著其實關聯甚深。但隨著這一波疫情，我發現戴上黃色、桃紅色、紫色的口罩出門，自己整個人的氣色相對神清氣爽許多，大家在開會時，甚至更勇於發言及提出意見，實在非常奇妙。

我曾參加一堂色彩學的理論發表會，發現現場有位穿著黃色上衣的男子，與一位穿著綠色洋裝的女聽眾，臺上的老師提醒大家：「黃色是個很好玩的顏色，感覺很浪漫，穿在身上就會讓人變得很討喜，幽默感也會提升不少，就像在座這位男士一般，大家肯定對他的第一印象都不會差。而反觀這名穿著綠色洋裝的女聽眾，性格肯定非常自信，因為綠色給人一種視野開闊、自信與舒適感，所以我猜想，這位女聽眾肯定是個了不起、獨當一面且具備競爭力的人，因為唯有生性自信且自我的人，才有駕馭這個顏色的能力。」而我們因為不認識大家，所以當時一聽都只覺得有趣但並未放在心上，直到演講結束，大家交換名片閒談時才發現，老師所說的理論確實相當精準，這位穿著綠色洋裝的女聽眾確實是個企業老闆娘，言行舉止也的確相當自信與從容！

顏色是最直觀的語言

承上，因為這個緣故，我開始研究色彩學的運用，也試著在不同場合搭配不同色系的服裝來傳遞自己想讓大家知道的微妙心緒與目的，例如出現在比較正式的場合，我習慣穿著較沉穩的顏色或套裝，藉此顯示我的專業；若想展現親和力，我就會穿著粉色系的休閒服，曾有一回我讓全家人都穿了粉紅色系的衣服出遊，孩子們都非常開心，一路上頻頻跟我說：「媽媽好愛我們，我好開心！」

根據色彩學的分析，當我們長期運用黃色來鋪陳，一旦提高了情商，首先就是溝通將變得容易許多，因為大家會因此擁有傾聽的能力，畢竟傾聽是現代人相當欠缺的一項社交能力。畢竟你可能有在聽，但是否是認真地聽？而認真地聆聽後，還要真的聽進去，願意去想想看……，話說這樣的情況還真不多見，所以我們才會經常落入溝通不良的迴圈裡。

運用色彩，就是調整情緒，改變性格甚至調整體質，促進健康。因為只要常保心情愉快，病魔自然不會找上門，加上人際關係變好後，透過色彩具備的穿透力，幫助你轉變運氣，我始終相信，色彩是最直觀的一種語言。

再者，色彩可以幫助你為情緒紓解壓力，運用穿著或搭配顏色，讓自己一整天的心情大好，例如依照個人的星座或生肖，穿著互補的顏色，命中帶金的人可以多穿白色、配戴金色配件，讓自己看起來更亮麗。若想展現成熟穩重的一面，也可多運用藍色、黑色的穿著，帶出穩重的視覺感受。甚至在居家布置上也可延伸運用，例如使用白色牆面配上金色窗簾，呈現華麗富有的視覺觀感，遑論這也是招財的開運色，十分討喜。我相當鼓勵大家可以多多利用外在環境來改變自己的心情，簡單執行又有效。

我跟大家說明的色彩學，其實就是一門讓你的人生不生病的智慧，正所謂「開心治百病」，透過顏色就能做到。須知顏色正是人與人之間的黏合劑，關係非常非常的微妙。你是否是到處受歡迎的開心果、人氣王，搭配恰到好處的顏色應可幫你一程，只要運用得宜，好運就會一直跟著你。

愛女力

每個人對於不同的空間與顏色都會不同的感受力，例如在暗沉的空間待太久，容易出現情緒低落的傾向，而綠色或藍色這種大地色系，既可反映心靈需求，也容易讓人打開心門，感覺快樂。想要打造一個有質感人生嗎？不妨就從幫自己換個顏色開始做起……。

面對彼此，我們都是拼湊美好的一角

我始終認為「互補」是非常重要的人生課題，自己有能力了，就要懂得去修補旁人的不足，而這當中，首先要做的就是補「關係」，再來則是補「身體」。

所謂補「關係」，指的就是從維護、改善、加深到互愛，建構幸福的感覺。而補「身體」，就是重視健康，確保自己擁有夠長的時間可以享受人生！誠如大家都說女生愛美是天性，所以除了身體健康，更要永保青春美麗。而既然如此，大家就會開始動作，開始有好的情緒、意念及行為產生。例如開始熱衷於執行對身體有益的事情，這樣的起心動念將有助於產生高效的正能量，幫助你的身心獲得平衡和健康，好處多多。

而反過來說，若無法達成「互補」的任務，最常出現的就是任憑吞噬心靈的負能量不斷擴張。而說起這種負能量，大致可分為貪、恨、癡迷及傲慢四種。隨著這種負能量不斷深入與擴張，將會導致你的人際關係愈發黯淡。過去的我也曾被這四種負能量吞沒，因為從小家裡環境不好，我很怕挨餓受凍，所以貪念就深，但也就是過度執著於追求物質，導致自己一直不開心，也習慣與別人起衝突，這樣的生活互動是絕對無法獲得快樂的。

再來就是恨，檢查有沒有剝奪他人提升的機會，比如對方做好事，但你卻在冷嘲熱諷；看見朋友比你有能力，你卻心生忌妒甚至暗中阻止對方精益求精。誠如我剛剛才講過的，這種剝奪他人提升的機會，就是一種貪念與恨意，這種吞噬人心的負能量，不論是透過語言或行為呈現，大家都要盡可能避免。

而第三個負能量是癡迷，比如盲目崇拜某個人事物，甚至沉迷在某種情緒中無法自拔。另外例如過度專注在某件事情上，或是急著想完成一個任務等等，甚至包括太過於羨慕他人擁有的一切，這些都是屬於癡迷的一環。

最後，什麼叫做傲慢，包括習慣洋洋自得，逢人就愛比健康、比能力、比財富、比見解或智慧等等。還有一種人呢，喜歡對著親朋好友、同事們吹噓甚至比較跟分辨，無論碰到什麼事情都要發表見解甚至比較高下，目的就是追求一種優越感，進而沾沾自喜、炫耀跟期待被誇獎，這些都是屬於傲慢的一部份。此外，反過來說，喜歡誇大自己的能力，或是過度謙遜忍讓，遇事缺乏寬容、包容，這也是傲慢的另類呈現。

說到這裡，大家應該都可以明白，唯有逆轉局勢才能重拾幸福美滿，只是應該怎麼做？其實，作法很簡單，就是讓自己放下這些負面的想法與心緒，轉化到理智的那一面。並且時時檢測自己的言行舉止，例如發現自己似乎出現傲慢這個負能量了，那麼就要開始轉念，重新回到謙遜、積極和勇氣那一方。每天只要跟人產生互動，結束後就去做自己檢視，確定自己沒有背離這個準則。一天不管跟多少人發生過互動，只要互動一結束就檢視，耐心地重塑一個新的生活習慣，久而久之，你的人際關係就會開花結果，生活也會越來越好。人生其實就是一場比賽，過程難免出現崎嶇與起伏，不到最後絕對無法知道誰輸誰贏。而我始終相信轉彎處就是致勝點，或許最危險，但也是最容易讓你逆轉勝的地方。正所謂天無絕人之路，只要你想生存下去，獲得美滿人生，那你自然會想出一套辦法，生命就是會懂得替自己找出路，人生就是這麼有趣。

記住，有機會超前、扭轉局勢的地方，才是值得你用心經營的關鍵！危機就是轉機，與大家共勉之！

觀成長 34

讓愛飛翔／100分的女力人生

作　　者　趙欣妍
文字整理　蕭合儀
視覺設計　徐思文
封面攝影　石吉弘
主　　編　林憶純
行銷企劃　王綾翊

第五編輯部
總監　梁芳春
董 事 長　趙政岷
出 版 者　時報文化出版企業股份有限公司
108019 台北市和平西路三段 240 號
發行專線—（02）2306-6842
讀者服務專線— 0800-231-705、（02）2304-7103
讀者服務傳真—（02）2304-6858
郵撥— 19344724 時報文化出版公司
信箱— 10899 臺北華江橋郵局第 99 信箱

時報悅讀網　http://www.readingtimes.com.tw
電子郵箱　yoho@readingtimes.com.tw
法律顧問　理律法律事務所 陳長文律師、李念祖律師
印　　刷　勁達印刷有限公司
初版一刷　2021 年 3 月 5 日
定　　價　新台幣 300 元
（缺頁或破損的書，請寄回更換）

時報文化出版公司成立於 1975 年，並於 1999 年股票上櫃公開發行，於 2008 年脫離中時集團非屬旺中，以「尊重智慧與創意的文化事業」為信念。

讓愛飛翔：100 分的女力人生／趙欣妍 作. -- 初版. — 臺北市：時報文化，2021.3
192 面；14.8*21 公分
ISBN 978-957-13-8614-0（平裝）
1. 自我肯定 2. 自我實現 3. 女性
177.2　　110001068

ISBN 978-957-13-8614-0
Printed in Taiwan